Stefan de Reuter
Der Ruf der Weite:
Geschichten einer Reise zu sich selbst

AF286743

Stefan de Reuter

Der Ruf der Weite: Geschichten einer Reise zu sich selbst

Eine Reise ins Innere

Bibliografische Information der Deutschen Nationalbibliothek: Die Deutsche Nationalbibliothek verzeichnet diese Publikation in der Deutschen Nationalbibliografie; detaillierte bi-biografische Daten sind im Internet über dnb.dnb.de abrufbar.

Originalausgabe

Januar 2025

Copyright © 2025 Stefan de Reuter

alle Rechte vorbehalten

Fotos: Stefan de Reuter, Dörte Krol

Lektorat und Layout: Dörte Krol

Verlag: BoD · Books on Demand GmbH, In de Tarpen 42,

22848 Norderstedt, bod@bod.de

Druck: Libri Plureos GmbH, Friedensallee 273, 22763 Hamburg

ISBN: 978-3-8391-8466-0

Printed in Germany

Für Dörte,

meine unermüdliche Begleiterin auf dieser Reise – die stille Kraft, die jedem Wort, jeder Seite dieses Buches ihre Zeit und Aufmerksamkeit schenkte.

Deine klugen Augen und dein untrügliches Gespür haben diesen Geschichten den Feinschliff und die Tiefe gegeben, die sie verdienen. Ohne deine Geduld, deinen Rat und deine kreative Vision hätte dieses Buch niemals die Gestalt angenommen, die es heute hat.

Danke für dein offenes Ohr, dein großes Herz und deine Hartnäckigkeit in den Momenten, in denen mir die Worte fehlten.

Diese Seiten tragen deine Spuren und ich bin unendlich dankbar, dass ich sie mit dir teilen darf.

Mit tiefem Respekt und in großer Wertschätzung,

Stefan

Inhaltsverzeichnis

Vorwort

Es gibt Momente im Leben, in denen wir spüren, dass wir innehalten müssen. Momente, in denen uns die vertrauten Wege nicht länger führen und wir die leise Stimme in uns hören, die flüstert: „Es gibt mehr zu entdecken." Dies ist die Geschichte eines solchen Moments – und der Reise, die daraus entsteht.

Inspiriert von der Vielzahl der Begegnungen auf meinen eigenen Reisen ist diese vorliegende, autofiktive Erzählung entstanden.

Stefan, ein Chiropraktiker aus Emden, lässt alles hinter sich, um Antworten zu finden, die er nicht mehr in seiner Routine entdecken kann. Mit seinem treuen Hund Inti und seinem Wohnmobil PANTA RHEI begibt er sich auf eine Reise, die ihn durch das Leben, die Landschaften Europas und die Tiefen seines eigenen Wesens führt.

Unterwegs trifft er Menschen, die ihm nicht nur neue Perspektiven auf das Leben eröffnen, sondern ihn auch lehren, dass jeder von uns ein Teil des unaufhörlichen Flusses des Lebens ist. Vom Winzer, der die Kunst des Reifens versteht, über den Fischer, der das Meer als Gleichnis des Lebens begreift, bis hin zur Musikerin, die ihre eigene Stimme sucht – jede Begegnung wird zu einer sanften, aber kraftvollen Lektion über die Freiheit, die im Loslassen liegt.

Diese Geschichte ist eine Einladung, das Leben in seiner Ganzheit zu sehen – als ständige Bewegung, die uns nicht nur trägt, sondern auch herausfordert, über uns hinauszuwachsen.

Möge dieses Buch dich, liebe Leserin, lieber Leser, ermutigen, deinem eigenen Fluss zu vertrauen, die Weite des Lebens zu umarmen und das Unbekannte mit offenem Herzen willkommen zu heißen.

Kapitel Eins Aufbruch mit PANTA RHEI

Stefan stand in der kühlen Herbstluft vor seinem Haus in Emden, den Schlüssel für sein Wohnmobil in der Hand. Der Himmel war von einer sanften Grauheit überzogen, wie ein stilles Versprechen auf Regen, und die salzige Meeresluft erinnerte an die endlosen Bewegungen des Wassers. Die Welt war in Bewegung, wie immer, doch Stefan spürte eine seltsame Stille in seinem Inneren – eine Stille, die etwas Neues ankündigte.

PANTA RHEI, sein treuer Begleiter auf vier Rädern, stand glänzend und bereit. Der Name war keine zufällige Wahl. „Alles fließt", das altgriechische Motto, war mehr als nur ein philosophischer Gedanke für Stefan. Es war ein Mantra, eine Erinnerung daran, dass das Leben nicht stagniert, sondern, dass es weitergeht, selbst wenn man stehen bleibt. PANTA RHEI sollte nicht nur ein Name sein, sondern eine Lebenshaltung, die ihn an das Loslassen, die Veränderung und das Vertrauen in den Fluss des Lebens hinwies.

Neben Stefan saß sein treuer Freund Inti, ein Flat Coated Retriever mit glänzendem schwarzem Fell. Inti, benannt nach der Sonnengottheit der Inkas, war mehr als ein Haustier. Er war ein Begleiter, der Stefan daran erinnerte, dass das Licht – wie die Sonne – immer da war, auch wenn es sich hinter Wolken verbarg. Inti wedelte aufgeregt mit dem Schwanz, als ob er die bevorstehende Reise längst erahnte.

Der Entschluss zu dieser Reise war nicht über Nacht gefallen. Es war eine leise, stetige Erkenntnis gewesen, die sich in Stefan eingeschlichen hatte, während er in seiner Praxis als Chiropraktiker arbeitete. Tag für Tag hatte er die Verspannungen und Schmerzen anderer gelöst, ihre körperlichen Blockaden gelockert. Doch dabei hatte er immer wieder bemerkt, dass die wahren Blockaden oft tiefer lagen – in ungelebten Träumen, in festgehaltenen Ängsten und unausgesprochenen Gefühlen. Es war, als hätte er die Lasten anderer auf seine eigenen Schultern genommen, bis ihm klar wurde: Auch er hatte Blockaden, die gelöst werden mussten.

Stefan strich mit der Hand über die kalte Karosserie seines Wohnmobils und lächelte leicht. „Es ist Zeit", murmelte er. „Zeit, aufzubrechen." Er belud das Fahrzeug mit den Dingen, die ihm am meisten bedeuteten: ein altes Notizbuch mit Lederumschlag, in dem seine Gedanken der letzten Jahre festgehalten waren; eine Kamera, um die Welt aus neuen Perspektiven einzufangen; und ein paar getragene Pullover, die ihn an kühlen Abenden wärmen würden.

Für Inti gab es natürlich die Lieblingsdecke und den Tennisball – das unverzichtbare Spielzeug, das stets in der Nähe sein musste.

Als die ersten Sonnenstrahlen den Horizont in ein sanftes Orange tauchten, setzte sich PANTA RHEI mit einem leisen Brummen in Bewegung. Die Straßen von Emden blieben hinter ihnen zurück und die vertrauten Häuser, in denen Stefan jahrelang gelebt und gearbeitet hatte, wurden kleiner und verschwanden schließlich ganz.

Er spürte eine seltsame Mischung aus Freiheit und Verlust, die ihn gleichermaßen beflügelte und zurückhielt. Die Reise fühlte sich wie ein Neubeginn an, doch Stefan wusste, dass er nicht einfach wegfuhr. Er suchte nicht die Flucht vor seinem Leben – er suchte das Leben selbst, in einer Form, die er vielleicht vergessen hatte.

Der Wind wehte durch das leicht geöffnete Fenster und Inti legte seine Schnauze hinaus, genoss den Fahrtwind mit einem Ausdruck purer Lebensfreude.

Stefan war dankbar für diesen einfachen Moment. Es war Inti, der ihn stetig daran erinnerte, dass das Glück oft in den kleinen Dingen liegt: im Wind, der durch die Haare fährt, in der Wärme der Sonne auf der Haut oder im Klang der Räder, die auf der Straße surren.

Während die Kilometer dahinflossen, tauchten vor Stefans innerem Auge Erinnerungen auf: Bilder von Patienten, die in seiner Praxis von ihren Träumen, die sie nie gelebt hatten, gesprochen hatten; Geschichten von Menschen, die den Schmerz in ihren Körpern wie ein altes Gepäck mit sich herumtrugen, zu schwer, um es loszulassen.

Doch da war auch die Erkenntnis, dass er selbst Teil dieser Geschichten war. Er hatte seine Praxis und seinen Alltag so lange als Anker gesehen, dass er vergessen hatte, wie es sich anfühlte, einfach zu treiben – so wie jetzt, auf dieser Straße, ohne genaues Ziel, aber mit einem klaren Zweck. PANTA RHEI, dachte Stefan wieder. Alles fließt. Es war, als ob die Worte ihm Mut machten.

Egal, welche Richtung er einschlug, das Leben würde ihn tragen, so wie der Fluss das Wasser trägt, selbst wenn er auf Hindernisse trifft.

Die Landschaft veränderte sich allmählich. Die weiten, flachen Wiesen Ostfrieslands wichen sanften Hügeln, die von goldenen Herbstlichtern überflutet wurden. Der Himmel riss auf und ein zartes Blau breitete sich aus.

Stefan fühlte, wie sich etwas in ihm löste: ein Knoten, der so lange in seinem Inneren gewesen war, dass er fast vergessen hatte, wie es sich anfühlte, frei zu atmen.

Er hielt an einem kleinen Rastplatz, direkt neben einem Feld, das von der Sonne erleuchtet wurde, an. Inti sprang aus dem Wagen und rannte voller Energie über die Wiese, während Stefan sich mit einer dampfenden Tasse Kaffee auf eine Bank setzte.

Der Wind strich über sein Gesicht und in diesem Moment wurde ihm klar, warum er diese Reise antreten musste. Es ging nicht nur darum, neue Orte zu sehen oder den Alltag hinter sich zu lassen. Es ging darum, sich selbst zu begegnen – dem Teil von ihm, der im Rauschen des Alltags verloren gegangen war.

„Alles fließt", sagte Stefan leise zu sich selbst und lächelte. Er fühlte die Wahrheit dieser Worte, nicht nur in seinem Verstand, sondern tief in seinem Herzen.

Die Reise hatte gerade erst begonnen, doch Stefan spürte, dass sie ihn nicht nur durch die Landschaften Europas führen würde. Sie würde ihn zu den Fragen führen, die er so lange aufgeschoben hatte, und zu den Antworten, die irgendwo in ihm verborgen lagen. Mit Inti an seiner Seite und dem Wind im Rücken war er bereit, sich diesem Fluss hinzugeben – in dem Vertrauen, dass das Leben ihn dorthin führen würde, wohin er gehörte.

Kapitel Zwei Jean-Luc und die Weisheit des Weins

Seine Reise hatte Stefan in die hügelige Region des Elsass geführt, dorthin, wo das Land im sanften Herbstlicht in einem warmen Gold leuchtete und die Weinberge in tiefem Grün und rostigen Brauntönen glänzten. Die Luft war klar und frisch, durchsetzt von einem würzigen Duft, den nur der Herbst bringen kann, und Stefan konnte spüren, dass jeder Atemzug seinen Geist beruhigte.

Er parkte PANTA RHEI an einem kleinen Feldweg, der sich sanft an die Weinberge schmiegte. Neben ihm saß Inti, dessen Blick aufmerksam die hügelige Landschaft abtastete.

Es war ein ruhiger Nachmittag, die Stille nur unterbrochen vom leisen Rascheln der Blätter und dem Zwitschern der Vögel.

Stefan und Inti stiegen aus und schlugen einen Weg in die Weinberge hinauf ein. Ihnen fiel ein älterer Mann auf, der in gebückter Haltung an einem Rebstock arbeitete. Der Mann trug einen breitkrempigen Strohhut und schien ganz in der Pflege seiner Reben aufzugehen. Es war, als hätten die Rebstöcke, die sich wie alte Freunde an seine Hand schmiegt, eine besondere Verbindung zu ihm.

Stefan blieb einen Moment stehen und beobachtete, wie der Mann sanft an den Reben zupfte, jede Traube musterte und die Blätter wie kostbare Schätze prüfte. „Das ist Jean-Luc", flüsterte eine leise Stimme in Stefans Innerem, als ob die Weinstöcke selbst den Namen geflüstert hätten. Mit einem freundlichen Lächeln trat Stefan näher und als Jean-Luc aufblickte, funkelte ihm ein Paar tiefer, kluger Augen entgegen, die in einem Gesicht voller Falten saßen – Falten, die von der Sonne und dem Leben in den Weinbergen gezeichnet waren. „Bonjour, junger Mann", begrüßte Jean-Luc ihn mit einer leichten Neigung des Kopfes.

Seine Stimme war warm und es schwang eine Freundlichkeit darin, die tief aus der Erfahrung vieler Jahre kam. „Bonjour", erwiderte Stefan, während er sich in der alten, ehrwürdigen Art des Winzers verbeugte, im stillen Respekt vor der Arbeit, die Jean-Luc leistete. „Ich bin auf der Durchreise und wollte die Schönheit der Weinberge genießen. Es scheint, als würdest du hier leben". Jean-Luc nickte und lächelte. „Seit vielen Jahren. Jeder dieser Rebstöcke ist für mich wie ein alter Freund. Ich kenne sie alle, kenne ihre Eigenheiten und Macken. Sie sind wie Menschen, verstehst du?" Seine Stimme wurde weich, als er seine Hand sanft über die Reben gleiten ließ. „Jeder Rebstock hat seinen eigenen Charakter und jeder Jahrgang ist ein Spiegel dessen, was das Jahr an Freud und Leid gebracht hat."

Stefan war fasziniert von der tiefen Zuneigung, die in Jean-Lucs Stimme lag. Es war, als spreche er nicht nur von den Trauben, sondern vom Leben selbst. „Wie bringst du es fertig, dass die Reben jedes Jahr so reichlich tragen?", fragte Stefan. Jean-Luc lächelte verschmitzt: „Es ist das Wissen des Weins. Man kann es nicht erlernen wie eine Formel oder eine Liste von Regeln. Der Wein braucht Zeit und Hingabe und das Wissen, wann man pflegen und wann man loslassen muss."

Er hielt einen Moment inne, seine Hand ruhte auf einem besonders knorrigen Rebstock und seine Stimme wurde leiser. „Manchmal ist es das Schwierigste, nichts zu tun – einfach zuzusehen und darauf zu vertrauen, dass die Natur ihren Weg findet." Jean-Luc winkte Stefan zu einem kleinen Tisch, der zwischen den Reben stand und zog eine Flasche Wein mit zwei Gläsern hervor. Die Flasche war alt, das Etikett verblichen. Sie strahlte eine Zeitlosigkeit aus, als wäre sie Teil der Geschichte dieses Ortes. Er goss den Wein

ein und reichte Stefan ein Glas. „Hier, probiere", sagte er mit einem wissenden Lächeln, „das ist nicht nur ein Getränk, es ist die Essenz dieses Landes."

Stefan nahm einen Schluck und spürte, wie der Geschmack des Weins seine Sinne erfüllte. Es war, als ob er die Sonne, den Regen und die Erde in diesem Schluck schmeckte – ein Tanz der Elemente, eingefangen in einem einzigen Moment. Der Wein war herb und doch sanft, voller Tiefe und doch leicht – ein perfektes Gleichgewicht, das sich in seiner Seele niederließ.

„Weißt du", begann Jean-Luc nachdenklich, „der Wein, den ich hier anbauen darf, ist wie das Leben. Man kann nichts beschleunigen, man kann die Reben nicht zwingen, schneller zu wachsen. Jede Traube hat ihre eigene Zeit, jede braucht Sonne, Regen und auch die Stille der Nacht. Wenn man versucht, das zu übergehen, verliert der Wein seine Seele."

Stefan sah Jean-Luc an und er erkannte, dass dieser Mann mehr war als ein Winzer. In seinen Worten lag eine tiefe Weisheit, eine stille, unaufdringliche Erkenntnis, die aus der Verbundenheit zur Natur und zum Leben selbst kam. „Es ist wie das Leben selbst", sagte Stefan leise, „es ist voller Momente des Wartens, voller Zeiten, in denen nichts zu passieren scheint, und doch geschieht alles genau dann." Jean-Luc nickte. „Genau so ist es, mon ami. Im Weinberg habe ich gelernt, dass jeder Moment zählt, dass jede Traube ihre eigene Geschichte hat und dass das wahre Geschenk darin liegt, diese Geschichten zu ehren. Ich könnte versuchen, die Reben zu beschneiden, sie zu zwingen, schneller zu reifen, aber was bliebe dann vom Charakter des Weins?"

Eine sanfte Brise wehte über die Hügel und Jean-Luc hielt kurz inne, legte eine Hand auf seine Schulter und verzog das Gesicht. Stefan bemerkte die kleine Geste und fragte behutsam: „Deine Schulter tut weh, nicht wahr?"

Jean-Luc seufzte und nickte. „Ja, seit Jahren plagen mich diese Schmerzen. Wenn die Erntezeit kommt, spüre ich, wie die Last schwerer wird." Er blickte in die Ferne, seine Augen glitten über die Hügel, als könnte er in der Landschaft eine Art Trost finden. „Vielleicht trage ich mehr, als ich tragen sollte."

Stefan sah Jean-Luc aufmerksam an und als Chiropraktiker erkannte er sofort die tiefere Bedeutung dieser Worte. „Manchmal ist der Schmerz nicht nur ein körperlicher, sondern auch ein Hinweis auf etwas, das wir in uns tragen", sagte er leise. „Schmerzen in den Schultern können ein Zeichen für Verantwortung sein, für Dinge, die wir nicht loslassen können."

Jean-Luc schwieg einen Moment und dann begann er, von seiner verstorbenen Frau zu erzählen, mit der er all die Jahre die Weinberge bewirtschaftet hatte. „Nach ihrem Tod ist alles an mir allein hängen geblieben – der Wein, die Ernte, die Verantwortung für den Weinberg, den wir zusammen aufgebaut haben." Seine Stimme wurde brüchig und Stefan konnte die Trauer in den Worten spüren. „Ich glaube, ich habe mir nie erlaubt, wirklich traurig zu sein. Der Alltag hat mich immer weitergetrieben, aber in meiner Schulter, da sitzt die Erinnerung." Stefan spürte die Schwere, die Jean-Luc mit sich trug und begann sanft, dessen schmerzende Schulter zu massieren. „Manchmal", erläuterte er leise, „ist der Schmerz ein Teil des Abschieds. Vielleicht ist es an der Zeit, die Erinnerung an sie in deinem Herzen zu bewahren und die Last von den Schultern zu nehmen." Jean-Luc nickte langsam, als würden die Worte einen Teil seiner Last lösen. „Vielleicht hast du recht", flüsterte er und in seinen Augen glänzte eine Träne, die im Sonnenlicht funkelte. „Es ist, als würde ich sie immer noch hier spüren, als wäre sie Teil des Weinbergs geworden."

Nachdem Stefan die Verspannung in der Schulter gelöst hatte, saßen die beiden Männer eine Weile schweigend nebeneinander, den Blick auf die golden leuchtenden Hügel gerichtet.

„Weißt du, Stefan", begann Jean-Luc schließlich, „der Wein lehrt uns, dass das Leben in Phasen verläuft. Jede Ernte ist anders, keine ist wie die andere. Der wahre Charakter des Weins zeigt sich erst, wenn die Rebe durch all die Jahre und die Stürme gereift ist." Stefan verstand, dass Jean-Luc nicht nur vom Wein sprach, sondern auch vom Leben selbst, von den Momenten des Schmerzes und der Freude, die sich in jedem Menschen tief verankern.

„Es sind die Hindernisse, die dem Wein seinen Geschmack geben", sagte Jean-Luc mit einem schwachen Lächeln. „Eine Rebe, die nie kämpft, die immer nur die besten Bedingungen hat, wird schwach. Der beste Wein entsteht erst, wenn die Reben durch Felsen, durch Hitze und kalte Nächte gestärkt werden."

Diese Worte trafen Stefan tief und er fühlte, eine Welle der Dankbarkeit in sich aufsteigen. „Manchmal müssen wir durch die Dunkelheit gehen, um den wahren Geschmack des Lebens zu entdecken", sagte er, während er auf das Glas in seiner Hand schaute. Jean-Luc nickte und blickte über die Weinberge, die in der untergehenden Sonne schimmerten. „Alles im Leben fließt", sagte er sanft, als würde er ein altes Mantra aussprechen: „Die Freude und die Trauer, das Alte und das Neue – alles fügt sich zusammen wie die Aromen in einem Wein."

In der stillen Dämmerung verabschiedete sich Stefan von Jean-Luc und nahm eine letzte Erinnerung an die goldene Landschaft des Elsass mit, die vom Schmerz und der Weisheit eines Mannes durchdrungen war. Der Weisheit, verstanden zu haben, dass das Leben, genau wie der Wein, seine Zeit und Tiefe braucht, um den besten Geschmack zu entfalten.

Und während Stefan seine Reise fortsetzte, spürte er, dass die Worte des alten Winzers ihn begleiten würden – als eine sanfte Erinnerung daran, dass auch das Leben, wie der Wein, in seinen Höhen und Tiefen seinen wahren Charakter findet.

Kapitel Drei Claires Olivenhain

Die Fahrt führte Stefan weiter Richtung Süden, hinein in die goldene Wärme des Spätherbstes in Frankreich. Die Landschaft änderte sich allmählich, und aus den dichten Wäldern und Weinbergen des Elsass wurden endlose Felder, die im weichen Abendlicht in sanftem Gelb und Rot leuchteten.

Als Stefan die Provence erreichte, bemerkte er, wie die Luft sich veränderte: sie war erfüllt von dem kräftigen Duft der Erde, einer leichten Note von Lavendel und dem würzigen Aroma der Pinien, die sich entlang der Straße reihten.

Nach einer langen Strecke hielt Stefan in einem kleinen Dorf, das fast wie ein vergessenes Relikt der Vergangenheit inmitten der Landschaft lag. Die Häuser waren aus hellem, sonnenverbranntem Stein gebaut, die Fensterläden einst blau gestrichen und nun von der Sonne ausgeblichen.

Er parkte PANTA RHEI und ließ Inti die neue Umgebung erkunden. Die beiden gingen langsam durch die engen Gassen, genossen die Ruhe und das Gefühl, dass die Zeit in diesem Ort langsamer floss.

Am Ende der Hauptstraße fiel Stefans Blick auf eine alte, schmale Frau, die ruhig und bedächtig vor einem kleinen Haus saß. Ihr Gesicht war von tiefen Falten durchzogen, doch es strahlte eine Wärme und Gelassenheit aus, die auffiel. Ihre Haare waren schneeweiß und zu einem Zopf gebunden, ihre Augen hatten den sanften Glanz eines Lebens voller Geschichten und Geheimnisse.

Sie schien ihn bemerkt zu haben und winkte die beiden mit einer einladenden Geste zu sich. Neugierig und mit einem Gefühl der Vorfreude ging Stefan auf sie zu.

„Bonjour, mein Freund", begrüßte sie ihn mit einer ruhigen, fast melodiösen Stimme, „ich bin Claire". „Bonjour, Claire", antwortete Stefan lächelnd und reichte ihr die Hand. „Mein Name ist Stefan." Sie lächelte und ihre Augen funkelten amüsiert, so als kenne sie ihn bereits. „Setz dich zu mir, Stefan. Es ist selten, dass ich Besuch bekomme und ich habe das Gefühl, dass du Geschichten zu erzählen hast." Er nahm dankend Platz und sah sich um.

Die kleine Veranda war voller Pflanzen, die Claire offensichtlich gepflegt hatte: Kräuter und bunte Blumen, die wild und frei in Töpfen und Körben wuchsen. Neben ihrem Stuhl stand eine Schale mit frischen Oliven und ein Korb, in dem einige frisch gesammelte Lavendelsträuße lagen.

„Was führt dich hierher, Stefan?" fragte Claire und sah ihn mit einem durchdringenden Blick an. Stefan hatte das Gefühl, dass sie tief in seine Gedanken blicken konnte.

„Ich bin auf einer Reise", begann Stefan vorsichtig, im Bewusstsein, dass er noch nicht benennen konnte, wohin diese Reise ihn führen sollte. „Ich habe mein Leben lang Menschen geholfen – als Chiropraktiker und Heilpraktiker. Aber jetzt habe ich das Gefühl, dass ich etwas anderes suche, eine tiefere Bedeutung."

Claire nickte langsam und wissend: „Es gibt Zeiten im Leben, in denen uns das Gewohnte nicht mehr erfüllt, Zeiten, in denen wir spüren, dass wir etwas Größeres suchen. Ist es so, Stefan?" Ihre Stimme war weich, aber voller wissender Weisheit der Erfahrung ihrer eigenen Worte. „Ja", antwortete Stefan, erstaunt darüber, wie gut sie ihn verstand. „Manchmal fühlen wir uns an einem Punkt des Lebens, an dem wir lernen müssen, loszulassen und zu vertrauen, dass das Neue kommen wird", Claire lächelte sanft. „Weißt du, die meisten Menschen fürchten das Loslassen, als ob sie dadurch alles verlieren könnten. Doch das Leben lehrt uns, dass Loslassen kein Verlust ist. Es ist ein Schritt, um Platz für das zu schaffen, was wirklich wichtig ist."

Sie hielt inne und fügte leise hinzu: „Manchmal bedeutet es, einen Traum gehen zu lassen, damit ein neuer entstehen kann."

Stefan war tief berührt von ihren Worten, eine warme, ruhige Stille legte sich über das Gespräch. Intuitiv spürte er, dass Claire selbst bereits einen langen Weg gegangen war und dass sie diese Worte nicht einfach sagte, sondern aus tiefem Erleben heraus sprach.

„Hast du das selbst erfahren, Claire?" fragte er behutsam. Sie nickte und ließ den Blick über die Landschaft, deren Felder und Hügel ihre Erinnerungen trugen, schweifen.

„Ja, mein Leben hat mir oft gezeigt, dass das, was wir am meisten lieben, auch das ist, was wir am schwersten loslassen können." Sie atmete tief ein und ließ ihre Hand sanft über die Oliven streichen. „Nach dem Tod meines Mannes blieb ich hier und bewirtschaftete diesen kleinen Garten, wie er es getan hatte. Ich hielt an jedem Detail fest, als könnte ich ihn damit zurückholen. Aber irgendwann erkannte ich, dass die Schönheit des Lebens darin liegt, dem Fluss des Lebens zu vertrauen – wie die Bäume im Wind oder das Meer, das nie stillsteht."

Stefan schwieg und spürte die tiefe Wahrheit in ihren Worten. Er fühlte den sanften Widerhall ihrer Erfahrung und ihre Weisheit drang in ihn ein. Es war die Art von Ruhe und Gewissheit, die nur jemand ausstrahlen konnte, der gelernt hatte, inmitten seines Schmerzes einen Anker zu finden.

Nach einer Weile stand Claire langsam auf und deutete auf die alten Olivenbäume, die das Haus umgaben. „Schau dir diese Bäume an, Stefan. Sie sind seit Jahrzehnten hier und sie wachsen, ohne zu zögern. Sie lassen ihre Blätter fallen, sie lassen den Regen und den Wind an sich vorüberziehen. Sie halten an ihren Wurzeln fest, doch sie verändern sich ständig."

Stefan folgte ihrem Blick und betrachtete die knorrigen Olivenbäume. „Die Wurzeln bleiben", murmelte er leise, „aber das Leben geht weiter." „Ja", stimmte Claire zu. „Die Kunst des Lebens liegt darin, zu wissen, was man festhalten und was man loslassen soll. Die Bäume lehren uns, dass wir nur das Wesentliche behalten müssen – unsere Wurzeln, die Liebe in uns. Alles andere können wir loslassen, denn das Leben wird uns immer das geben, was wir wirklich benötigen."

Stefan atmete tief ein und spürte, wie eine Last von ihm abfiel. „Vielleicht habe ich zu lange an Dingen festgehalten, die mir nicht mehr dienen", überlegte er leise. Claire sah ihn mitfühlend an. „Loslassen ist keine Schwäche, Stefan. Es ist ein Zeichen von Stärke, von Vertrauen. Es bedeutet, dass du dem Leben erlaubst, dich auf deinen eigenen Weg zu führen."

Bevor er ging, griff Claire nach einem kleinen Glas mit frischem Olivenöl und reichte es ihm. „Nimm dies als Zeichen des Lebens, Stefan", sagte sie mit einem sanften Lächeln. „Die Wurzeln bleiben, auch wenn die Blätter fallen."

Stefan nahm das Glas Olivenöl und spürte die Schwere und Bedeutung, die in dieser einfachen Gabe lag. Er spürte, dass er nicht nur ein Geschenk, sondern eine Erinnerung an die Weisheit des Lebens erhalten hatte.

Claire winkte ihm nach und als er sich umdrehte, sah er, wie sie in die Ferne blickte, ihre Augen auf die Weite gerichtet, als könne sie das Geheimnis des Lebens in der Landschaft lesen. „Alles fließt", dachte Stefan, während Inti und er sich langsam auf den Rückweg zu PANTA RHEI machten.

Kapitel Vier Louise und die Farben der Freiheit

Stefan rollte mit PANTA RHEI weiter durch die südfranzösische Landschaft: durch das weite, goldene Licht der Provence, mit ihren Felder aus Lavendel und Olivenbäumen. Immer intensiver erfüllte der Duft von reifen Früchten, Oliven und den so typischen Kräutern der Provence die Luft.

Die Straße führte ihn an einem kleinen, versteckt liegenden Atelier vorbei, das beinahe im Grün der Olivenbäume verschwand. Vor dem Atelier stand eine Staffelei mit einer großen Leinwand, darauf gewirbelte Farben in allen möglichen Schattierungen als hätte jemand die Lebendigkeit der Provence eingefangen und auf das Bild gebannt.

Neugierig hielt Stefan an und stieg aus. Inti, immer an seiner Seite, lief voraus und schnüffelte interessiert an den Blumen. Stefan fühlte sich überwältigt von der Intensität der Farben, die von der Leinwand zu leuchten schienen. Sie waren ungebändigt, wild und wunderschön, als wollten sie jeden, der an ihnen vorbeiging, an die ungezügelte Freiheit erinnern, die diese Landschaft und ihre Bewohner in sich trugen.

Während er noch in die Farben vertieft war, trat eine Frau aus dem Atelier. Sie war groß, schlank und mit einem zerzausten Haarknoten, der in alle Richtungen ragte, als wäre er selbst ein Teil dieses künstlerischen Chaos. Ihre Kleidung war mit Farbflecken übersät, ihre Hände waren zart, aber voller Energie und ihre Augen strahlten in einem intensiven Grün.

Als sie Stefan bemerkte, lächelte sie freundlich. „Salut", sagte sie und wischte sich die Hände an einem bemalten Tuch ab, das sie lässig um die Hüften gebunden hatte. „Ich bin Louise." „Stefan", erwiderte er und fühlte sich sofort von ihrer Energie und ihrem offenen, einladenden Wesen angezogen. „Deine Farben ... sie sind unglaublich. Sie wirken, als ob sie Geschichten erzählen wollen."

Louise nickte und ließ ihren Blick über die Leinwand gleiten, als würde sie das Bild für einen Moment durch andere Augen sehen. „Das ist es, was sie sind – Geschichten in Farbe. Ich male nicht nur, um Formen zu erschaffen, sondern um Momente einzufangen, die in mir nachklingen."

Sie musterte Stefan, und ein wissendes Lächeln legte sich auf ihr Gesicht. „Was führt dich hierher, Stefan?" „Ich bin auf der Suche", antwortete er nachdenklich. „Auf der Suche nach etwas, das ich vielleicht noch nicht einmal benennen kann. Nach innerer Freiheit oder vielleicht nach einem tieferen Verständnis für das Leben."

Louise nickte, als ob sie genau verstand, was er meinte. „Die Freiheit", begann sie leise, beinahe in sich selbst versunken. „Weißt du, Stefan, ich habe viele Jahre damit verbracht, den Mut zur Freiheit zu finden. Doch die wahre Freiheit liegt oft nicht darin, das Leben zu ändern, sondern die eigene Angst davor loszulassen."

Louise deutete ihm, ihr ins Atelier zu folgen und so trat Stefan in den von Sonne durchfluteten Raum. Die Wände waren voller Bilder in satten Farben, die sich wie Fenster in andere Welten öffneten. Jede Leinwand war ein lebendiges Abenteuer: hier eine Landschaft in flirrendem Orange und Gelb, dort ein abstraktes Bild in tiefem Blau und Grün, die Stille des Meeres einfangend.

Stefan spürte, dass jedes Bild ein Teil von Louises innerem Leben war – eine Geschichte, die sie in Farben statt in Worten erzählte. „Warum male ich in so kräftigen Farben?", fragte Louise, ohne dass Stefan die Frage ausgesprochen hätte. Sie lächelte leicht und deutete auf eines der Bilder, ein tiefroter Wirrwarr von Linien und Formen. „Weil Farbe das Einzige ist, was meine Seele wirklich zum Ausdruck bringt. Worte können nicht immer ausdrücken, was wir fühlen – aber Farben? Farben können das Ungesagte, das Unbekannte in uns offenbaren."

Während sie sprach, bemerkte Stefan, dass Louise unbewusst ihre Hand an ihren unteren Rücken legte und ihn leicht massierte.

„Dein Rücken scheint dir Sorgen zu machen?", bemerkte er. Louise nickte und zuckte leicht mit den Schultern. „Ja, der Rücken - er plagt mich immer wieder. Besonders, wenn ich lange male, dann wird er steif und schwer, als ob er all die Dinge trägt, die ich loslassen sollte."

Stefan, dessen Erfahrung ihn gelehrt hatte, wie oft der Körper das ausdrückt, was die Seele nicht sagen kann, schaute sie aufmerksam an. „Manchmal", sagte er leise, „trägt unser Rücken die Last, die wir im Herzen oder im Kopf nicht loslassen können. Vielleicht sind es Erwartungen oder Ängste, die wir uns selbst auferlegen. Dein Rücken könnte dir sagen, dass du noch mehr loslassen darfst, Louise."

Louise ließ seine Worte in sich wirken und nickte langsam. „Es ist nicht leicht, loszulassen, wenn man denkt, dass das Festhalten Sicherheit gibt, nicht wahr?" Ihre Stimme klang nachdenklich, fast als spräche sie mehr zu sich selbst als zu ihm. „Ich habe jahrelang in Paris gelebt, habe mich in einer Welt voller Regeln und Anforderungen wiedergefunden, in der ich nie wirklich frei war. Und als ich endlich den Mut fand, all das hinter mir zu lassen, dachte ich, ich hätte alles losgelassen – aber vielleicht war das nur der Anfang."

Sie setzte sich auf eine alte Holzbank und Stefan begann sanft ihren unteren Rücken zu massieren. Während er ihre verspannten Muskeln lockerte, sprach sie weiter. „Hier in der Provence", sagte sie leise, „habe ich gelernt, dass Freiheit nicht Weglaufen, sondern das Ankommen bei sich selbst, ist. In den Farben finde ich mein Zuhause, eine

Heimat, die ich nirgendwo sonst finde. Und trotzdem gibt es Tage, an denen ich das Gefühl habe, dass mein Leben nur aus Farben besteht und dass ich mich selbst darin verliere."

„Vielleicht", sagte Stefan, „erinnern dich die Rückenschmerzen daran, dass du nicht nur in Farben leben darfst. Manchmal muss man sich selbst spüren, sich verankern, um nicht in der Unendlichkeit zu zerfließen."

Louise schloss die Augen und atmete tief ein. „Weißt du, ich male oft, weil ich das Gefühl habe, dass die Farben etwas von mir halten – eine Art Erinnerung an die Freiheit, die ich gesucht habe und doch manchmal immer noch nicht ganz gefunden habe. Vielleicht hast du recht, vielleicht muss ich lernen, auch die Leere, das Unausgesprochene, zu akzeptieren."

Sie öffnete die Augen und blickte auf eines der Bilder an der Wand, ein zartes Blau, das sich fast unsichtbar in der Mitte verlor. „Dieses Bild hier", sagte sie leise, „war mein erster Versuch, die Stille zu malen, das, was in mir ist, wenn ich nichts tun muss, wenn ich einfach nur bin. Es war ein schwerer Weg, das zu malen. Manchmal fühlte es sich an, als würde die Leinwand mir mehr von mir selbst zeigen, als ich bereit war zu sehen."

Stefan sah sie an und spürte eine tiefe Verbundenheit zu dieser Frau, die die Welt in Farben malte und doch selbst zu verstehen suchte, wie die Farben in ihr miteinander harmonieren konnten. „Vielleicht ist es ein Teil deiner Reise, in der Kunst das zu finden, was Worte nicht sagen können", sagte er sanft. „Die Farben sind ein Weg, das innere Gleichgewicht zu finden – eine Balance, die aus der Akzeptanz von allem, was du bist, heraus entsteht."

Louise lächelte und legte ihre Hand auf sein. „Danke, Stefan. Deine Worte erinnern mich daran, dass es nicht darum geht, irgendwo anzukommen. Es geht darum, den Moment zu fühlen, die Farben zu spüren, ohne ständig etwas festhalten zu müssen."

Zum Abschied reichte sie ihm ein kleines Bild: ein zartes Aquarell in Pastelltönen, das sie aus einer Ecke des Ateliers hervorholte. „Nimm das mit, Stefan. Es ist mein Geschenk an dich – eine Erinnerung daran, dass die Farben des Lebens immer dann am stärksten leuchten, wenn wir loslassen und sie einfach strömen lassen."

Stefan nahm das Bild dankbar entgegen und verspürte eine tiefe Freude. Es war ein Symbol für die Freiheit, die er bei Louise gespürt hatte – eine Freiheit, die nicht nur in Farben, sondern in der ganzen Schönheit des Lebens lag.

Und während er weiterfuhr, fühlte er, dass Louises Farben ihm eine neue Welt eröffnet hatten – eine Welt, die ihn daran erinnerte, dass die wahre Freiheit oft im Zulassen und Loslassen liegt.

Kapitel Fünf Michel und das Meer

Nach den goldenen Feldern und sanften Hügeln der Provence führte Stefans Reise ihn weiter in die Küstenregion des Mittelmeers. Es war ein warmer, sonniger Nachmittag und die salzige Meeresluft trug den Duft von Tang und Sand bis zu seinem Wohnmobil PANTA RHEI. Stefan ließ den Blick über das endlose Blau gleiten und ein Gefühl der Ruhe breitete sich in ihm aus.

Das Meer hatte für ihn immer etwas Mystisches, etwas, das ihn anzog und zugleich Ehrfurcht in ihm weckte. Heute jedoch fühlte sich die Küste besonders lebendig an, als ob die Wellen ihn zu sich riefen.

Stefan parkte PANTA RHEI an einer kleinen Anhöhe, die sich über den Strand erstreckte. Von hier aus konnte er die sanften Wellen beobachten, die sich am Ufer brachen und den salzigen Wind auf seiner Haut spüren. Neben ihm trottete Inti über den Sand, schnupperte neugierig und ließ sich schließlich am Ufer nieder, den Blick auf den Horizont gerichtet.

Es war ein friedlicher Moment, als ob die Zeit stillstand und das Meer ihm eine stille, tiefgründige Botschaft zuflüsterte.

Am Fuß der Anhöhe entdeckte Stefan eine kleine, verwitterte Strandhütte. Davor saß ein älterer Mann auf einem umgedrehten Boot, die Schultern gebeugt und den Blick fest aufs Meer gerichtet. Etwas an seiner Haltung und der Art, wie er sich bewegte, ließ Stefan an einen alten Seebären denken; einen Mann, der in den Wellen und dem Wind seine Heimat gefunden hatte.

Der Mann schien in eine stille Zwiesprache mit dem Meer vertieft zu sein, ganz so als würde er sich den tiefen Geheimnissen der Wellen hingeben.

Stefan und Inti näherten sich vorsichtig; als sie denn Lagerplatz fast erreicht hatten, drehte der Mann den Kopf und schenkte ihnen ein freundliches, warmes Lächeln. Seine Haut war tief gebräunt und von der Sonne und dem Salz gezeichnet. Sein Gesicht war von unzähligen Lachfalten durchzogen, seine Augen allerdings – dunkel und klar – strahlten eine Ruhe und Weisheit aus, die nur ein Leben voller Erfahrung schenken konnte.

„Bonjour", grüßte Stefan ihn und der Mann nickte ihm zu. „Bonjour, Fremder", erwiderte dieser mit einer leisen, rauen, vom Meer geformten Stimme. „Ich bin Michel." „Stefan", stellte sie sich vor, Stefan setzte sich neben Michel auf das alte Boot und Inti legte sich den beiden zu Füssen. Zwischen ihnen lag eine ruhige, unaufdringliche Stille, die von dem gleichmäßigen Rauschen der Wellen unterstrichen wurde.

Stefan hatte das Gefühl, dass Michel einer dieser Menschen war, die nicht viele Worte brauchten – seine Gegenwart allein schien Geschichten zu erzählen. Geschichten, die in den Falten seines Gesichts und dem Funkeln seiner Augen verborgen lagen.

„Das Meer", hob Michel schließlich leise an und deutete mit einem Nicken auf die glitzernden Wellen, „ist ein seltsamer, unbändiger Gefährte. Es gibt dir alles, was du brauchst, aber es nimmt auch das, was es will." Stefan nickte nachdenklich. „Es scheint, als ob das Meer dir vieles beigebracht hat, Michel." Der Franzose lächelte zwar, aber für einen Moment huschte ein Schatten über sein Gesicht. „Mehr, als ich manchmal annehmen wollte", sagte er und hielt inne, als würde er eine verborgene Erinnerung aufrufen. „Ich war mein Leben lang Fischer, Stefan. Ich bin mit den Wellen aufgewachsen, habe sie geachtet, aber nie ganz verstanden. Ich glaube, niemand kann das Meer wirklich verstehen – wir können nur lernen, ihm zu folgen."

Stefan spürte, dass Michel etwas Tiefgründiges meinte, etwas, das über das bloße Fischen und Segeln hinausging. „Du hast dem Meer vertraut, auch wenn du nicht alles über es wusstest?" fragte Stefan behutsam. Michel nickte und sah mit einem weichen, nachdenklichen Blick aufs Wasser. „Manchmal bleibt uns nichts anderes übrig, als zu vertrauen. Das Meer führt uns dorthin, wo wir hinmüssen, auch wenn wir es nicht verstehen. Manchmal nimmt es uns etwas weg, um uns etwas Größeres zu zeigen."

Er hielt inne und seine Hand, die auf dem Boot ruhte, zog sich leicht zusammen, als ob sie etwas Schweres in sich trug. Stefan bemerkte die leichten Verkrampfungen in Michels Händen und Schultern und fragte ruhig: „Die Hände scheinen dir Mühe zu machen, Michel?"

Michel zuckte leicht mit den Schultern und nickte. „Ja, seit Jahren plagen mich die Gelenke. Es ist, als würden sie das Gewicht meiner Vergangenheit tragen." Er lächelte, doch es war ein trauriges, melancholisches Lächeln. „Weißt du, Stefan, manchmal spüre ich die Last all der Jahre, all der Verluste und Kämpfe, die ich auf See erlebt habe. Es ist, als hätten meine Hände nie aufgehört, die Netze festzuhalten, selbst wenn ich sie längst loslassen wollte." Stefan nickte mitfühlend. „Manchmal zeigt uns der Körper, was unsere Seele noch festhält", sagte er sanft. „Vielleicht ist das Meer ein Symbol für das, was wir loslassen müssen." Michel seufzte tief und seine Augen schienen einen weiten, unsichtbaren Horizont zu betrachten. „Ja, vielleicht ist es das. Das Meer hat mir so vieles genommen und gegeben. Es hat mir gezeigt, wie fließend das Leben ist und dass wir die Kontrolle nur selten in den Händen halten." Michel brach ab, um kurz darauf erneut zu erzählen: „Ich habe meinen Sohn an das Meer verloren. Ein Sturm, als er noch jung war und seitdem habe ich das Gefühl, dass ich ihn nie wirklich losgelassen habe."

Stefan war von den Worten tief bewegt und legte sanft eine Hand auf Michels Schulter. „Es tut mir leid, Michel. Das muss ein großer Schmerz sein." Michel nickte stumm und ließ die Worte wirken. „Ja", sagte er schließlich leise, „aber vielleicht ist das der Preis, den wir zahlen, wenn wir das Meer lieben. Wir verlieren, was wir lieben und doch bleibt etwas Größeres in uns. Manchmal denke ich, dass ich meinen Sohn in den Wellen sehe – als ob das Meer ihn in sich aufgenommen hat und er nun ein Teil dessen ist."

Stefan atmete tief ein und ließ die Bedeutung dieser Worte auf sich wirken. Es war ein Gedanke, der gleichzeitig schmerzhaft und tröstlich war – die Vorstellung, dass alles, was wir verlieren, Teil eines größeren, unendlichen Flusses wird, hatte etwas Beruhigendes. „Vielleicht", begann Stefan, „kann das Loslassen dir Frieden schenken, Michel. Die Wellen nehmen ihn mit und gleichzeitig geben sie dir etwas zurück. Ein Teil deines Sohnes lebt in jeder Welle, in jedem Windstoß. Vielleicht musst du nichts mehr festhalten, sondern einfach nur zulassen, dass das Meer dich heilt."

Michel sah ihn lange an und in seinen Augen glitzerte etwas, etwas zwischen Tränen und einem sanften Lächeln. „Vielleicht hast du recht, Stefan. Vielleicht war das Meer nie mein Feind, sondern mein Lehrer. Es hat mir gezeigt, dass wir nie wirklich etwas verlieren – wir lassen nur zu, dass sich das, was wir lieben, wandelt."

Stefan lächelte und spürte, wie eine tiefe Ruhe in ihm wuchs. Der Gedanke, dass das Leben in einem unendlichen Kreislauf fließt und dass alles, was wir erleben, Teil dieses Kreislaufs ist, erfüllte ihn mit einem sanften Frieden.

Michel schien ebenfalls eine Last von den Schultern zu gefallen zu sein und beide Männer saßen lange schweigend da, während das Meer seine ewige Melodie spielte.

Bevor Stefan aufbrach, reichte Michel ihm eine kleine, abgenutzte Muschel. „Nimm sie mit, als Zeichen für das, was das Meer uns lehrt", sagte er mit einem weichen

Lächeln. „Erinnere dich daran, dass das Leben ein Fluss ist und dass wir, ob wir wollen oder nicht, mit ihm gehen müssen."

Stefan nahm die Muschel und spürte die raue, vom Wasser geformte Oberfläche. Es war ein einfaches, doch tiefgründiges Geschenk, das die Weisheit eines ganzen Lebens in sich trug.

Während er sich langsam auf den Weg zurück zu PANTA RHEI machte, hörte er das Rauschen der Wellen in seinem Herzen widerhallen – ein Klang, der ihn daran erinnerte, dass das Leben fließt und dass alles, was wir lieben, immer ein Teil von uns bleibt, egal wohin es geht.

In diesem Moment verstand Stefan, dass Michel ihm mehr als nur eine Geschichte mitgegeben hatte. Er hatte ihm das Wissen geschenkt, dass das Loslassen kein Ende ist, sondern ein Anfang. Ein Weg, dem Fluss des Lebens zu folgen und darauf zu vertrauen, dass alles, was wir verlieren, in einer anderen Form zu uns zurückkehrt.

Kapitel Sechs Carmen und der Tanz des Lebens

Stefan und Inti hatten ihren Weg weiter an der Küste entlang Richtung Süden fortgesetzt und an einem sonnigen Abend erreichte PANTA RHEI die lebendige Stadt Barcelona. Stefan durchfuhr die engen Straßen der Stadt und ihre Energie umgab ihn wie ein Pulsschlag, der das Leben bis in die kleinsten Winkel trug. Stefan suchte einen Stellplatz für sein Wohnmobil und tauchte mit Inti in das Leben der Stadt ein.

Die Sonne senkte sich und tauchte die Stadt in ein goldenes Licht. Überall waren Stimmen, Musik, das fröhliche Lachen der Menschen, das Klirren von Geschirr zu hören und aus einem winzigen Café wehte der Duft von Kaffee und Churros herüber. Doch da war noch mehr, ein ganz besonderer Klang zog Stefan magisch an – ein rhythmisches Klatschen und Stampfen, das wie ein Herzschlag klang.

In einer kleinen Gasse blieb er stehen. Da war sie, die Quelle des Klangs: eine Frau, die mit einer Hingabe und Leidenschaft tanzte, die jeden Gedanken zum Schweigen brachte. Sie schien nur mit der Musik, die sie umgab, zu sprechen, sich im Rhythmus ihres eigenen Herzschlags zu bewegen, ein Gespräch mit dem Leben selbst führend. Ihr schwarzes Haar fiel ihr in dichten Locken über die Schultern und ihr rotes Kleid bewegte sich in weiten Schwüngen, einem feurigen Meer gleich, das ihre Bewegungen begleitete. Ihre Augen waren geschlossen, ihr Gesicht angespannt und doch voller Lebendigkeit, und ihre Füße trommelten im Takt des Flamencos auf die Pflastersteine.

Sie tanzte nicht nur – sie war der Tanz. Stefan, völlig gefangen von ihrer Energie, beobachtete sie still, bis sie zu einer letzten Drehung kam, ihre Arme anmutig hob und das Klatschen verstummte.

Die Menge um sie herum applaudierte begeistert. Carmen, so hörte er die anderen sie nennen, öffnete die Augen und lächelte leicht, ließ aber den Applaus ungerührt an sich vorbeiziehen. Sie ging zu einer Bank am Rande der Gasse, setzte sich, legte ihre Hand an die Seite und massierte unauffällig ihren Fuß.

Stefan trat langsam auf sie zu, angezogen von ihrer Ausstrahlung, wie eine Motte vom Licht. „Das war unglaublich", sagte er zurückhaltend. Sie sah ihn an, ein leichtes Lächeln auf ihren Lippen: „Danke", erwiderte sie schlicht und deutete ihm, sich zu ihr zu setzen.

„Deine Tanzbewegungen, diese Intensität – es fühlt sich an, als würdest du damit das ganze Leben ausdrücken", sagte er bewundernd. Sie nickte und ließ den Blick in die Ferne schweifen. „Ja, der Tanz ist für mich die Sprache, die Worte oft nicht treffen. Manchmal kann man etwas nicht erklären, nicht greifen, aber man kann es tanzen. Dann wird es real." Sie bewegte ihr Fußgelenk und verzog das Gesicht. „Ich würde am liebsten ewig tanzen, aber meine Füße haben ihre eigene Meinung. Sie fordern Pausen und manchmal habe ich das Gefühl, dass sie mich bremsen." Stefan sah die Spannung in ihrem Gesicht, das leichte Zittern ihrer Hände, die sie unbewusst auf ihren Oberschenkeln auf und ab strichen.

„Der Fuß", begann er behutsam, „ist oft der Anker, der uns mit dem Boden verbindet. Wenn wir Schmerzen in den Füßen haben, kann es ein Zeichen sein, dass uns etwas im Leben zögern lässt. Etwas, das uns in eine andere Richtung führt oder uns herausfordert, den nächsten Schritt zu wagen."

Carmen sah ihn an und ihre Augen wurden weicher, nachdenklicher. „Es gibt so vieles in mir, das tanzen möchte – Dinge, die ich durch den Tanz befreien kann. Doch es gibt auch eine Seite, die sich fürchtet. Vielleicht tanze ich, um vor dieser Angst zu flüchten." Sie hielt inne, als hätten ihre Worte sie selbst überrascht.

Stefan spürte die Tiefe, die hinter ihrer Offenbarung lag und legte sanft seine Hand auf ihre Schulter. „Manchmal können uns die Dinge, die uns antreiben, auch erschöpfen; wenn wir uns ihnen vollkommen hingeben. Manchmal tanzen wir nicht, um uns zu befreien, sondern um uns selbst zu entkommen."

Carmen schloss die Augen und atmete tief ein, so als spüre sie die Worte auf einer anderen Ebene. „Vielleicht ist es das. Ich habe so lange geglaubt, dass der Tanz meine Freiheit ist. Aber vielleicht hält er mich auch in den Momenten fest, die ich nicht loslassen kann."

Stefan lächelte sanft. „Weißt du, jeder Schritt im Tanz, jeder Atemzug und jede Bewegung ist ein ständiger Wechsel von Festhalten und Loslassen. Der Fuß drückt auf den Boden, doch er hebt sich auch wieder davon ab. Vielleicht liegt die wahre Freiheit darin, beides anzunehmen – das Festhalten und das Loslassen, den Rhythmus der Balance zwischen diesen beiden Polen."

Sie nickte, sichtlich bewegt und legte ihre linke Hand auf die Rechte. „Vielleicht ist das der Tanz, den ich finden muss – den Tanz, in dem ich nicht nur die Leidenschaft, sondern auch die Ruhe und das Vertrauen finde." Stefan begann vorsichtig, ihren Fuß zu massieren und die Spannungen zu lockern. Er konnte spüren, wie ihre Muskeln sich langsam entspannten und er stellte sich vor, wie sie mit jedem Atemzug ein wenig von der Last losließ, die sie in sich trug.

„Manchmal, wenn wir uns zu sehr auf das Festhalten konzentrieren", sagte er sanft, „vergessen wir, dass der Tanz des Lebens auch darin besteht, loszulassen und auf den nächsten Schritt zu vertrauen."

Carmen atmete erneut tief und schloss die Augen. „Weißt du, ich dachte immer, dass ich tanzen muss, um frei zu sein. Aber vielleicht kann ich frei sein, ohne davonzurennen, ohne mich selbst in der Bewegung zu verlieren."

Nach einer Weile öffnete sie die Augen, ein neuer, ruhiger Glanz lag in ihnen. „Vielleicht brauche ich mehr, als nur die Bewegung. Vielleicht brauche ich die Stille zwischen den Schritten, das Vertrauen in das, was kommt."

Stefan lächelte: „In der Stille liegt oft die größte Freiheit. Sie gibt uns den Raum, uns selbst zu begegnen, ohne etwas erreichen zu müssen."

Bevor sich ihre Wege wieder trennten, reichte Carmen ihm einen kleinen, schlichten Ohrring aus Silber. Ein Symbol, das wie eine Spirale geformt war, die sich um ihre eigene Achse drehte. „Dieser Ohrring ist das Zeichen meiner Großmutter", sagte sie sanft. „Sie sagte immer, das Leben ist wie eine Spirale, die uns wieder zu uns selbst zurückführt, wenn wir den Mut haben, ihr zu folgen."

Stefan nahm den Ohrring dankbar an und versprach, sich an die Lektion zu erinnern. Als er sich von Carmen verabschiedete, fühlte er, dass er den Tanz des Lebens mit einer neuen, tiefen Weisheit verstanden hatte. Es zählt die Freiheit, die aus dem Gleichgewicht zwischen Festhalten und Loslassen, aus dem Mut zur Bewegung und dem Vertrauen in die Stille, entsteht.

Kapitel Sieben Manolos Blick auf das Meer

Stefan und Inti hatten Barcelona hinter sich gelassen und ihre Reise quer durchs Land Richtung Atlantikküste fortgesetzt. Stefan lenkte PANTA RHEI die kurvigen Straßen entlang, die ihn immer tiefer in die grünen, wilden Landstriche Galiciens führten. Hier, an der rauen Küste des Atlantiks, wirkte die Landschaft gleichzeitig kraftvoll und ungezähmt, ein Spiel von Licht und Schatten, das seine Gedanken zur Ruhe brachte und seine Seele erdete.

Die Luft war frisch und feucht vom nahen Meer, sie war durchzogen vom Duft nach Salz, Pinien und Moos. Als Stefan durch ein kleines Fischerdorf fuhr, bemerkte er einen alten Mann, der mit ruhigen, langsamen Schritten auf der Pier schlenderte und schließlich innehielt. Er starrte hinaus aufs Wasser, als könne er darin die Geheimnisse des Lebens lesen.

Seine Haut war tief gebräunt und von feinen Falten durchzogen, seine Hände wirkten kräftig. Ein alter Fischerhut bedeckte seinen Kopf, sein Blick war scharf und klar, wie der eines Menschen, der das Leben in all seinen Facetten gesehen und akzeptiert hat.

Stefan parkte sein Wohnmobil und trat mit Inti an seiner Seite langsam an den Mann heran. „Buen día", grüßte er freundlich. Der Fischer drehte sich um und nickte. Seine Augen musterten Stefan freundlich, aber auch mit der gewissen Vorsicht eines alten Seemanns, der selten Fremde, die Wellen aber oft kommen und gehen gesehen hatte. „Man nennt mich Manolo", stellte der Fischer sich schließlich vor, während er sich auf einer Holzkiste am Pier niederließ und Stefan einlud, sich zu ihm zu setzen.

Manolos Gesicht entspannte sich in einem Lächeln, als er sah, dass Stefan keine Eile mitbrachte. „Was hat dich hergeführt?" fragte Manolo und betrachtete ihn durchdringend, mehr in seinem Blick lesend als im gesprochenen Wort.

Stefan lächelte leicht, „Ich bin auf einer Reise, auf einer Reise auf der Suche nach Antworten. Vielleicht auch auf einer Reise zu mir selbst." Manolo nickte: „Das Meer hat mich selbst viele Jahre gelehrt, dass wir uns auf unseren Wegen oft selbst begegnen müssen, bevor wir auf eine Antwort hoffen können."

Seine Stimme war ruhig, sie hatte einen tiefen, beruhigenden Klang, wie die Wellen, die stetig gegen den Pier schlugen. Die beiden Männer schwiegen eine Weile und ließen den Wind durch die Stille fließen.

Stefan bemerkte, dass Manolo immer wieder leicht seine Schultern bewegte, als spürte er einen Schmerz oder eine Spannung, die sich festgesetzt hatte. „Tut dir der Nacken weh?" fragte Stefan. Manolo nickte und lächelte schwach, während er seine Hand an die rechte Schulter legte. „Ja, schon seit einer ganzen Weile, vielleicht auch schon seit einer Ewigkeit." Er lachte trocken. „Die Lasten, die das Leben uns auferlegt, lassen uns oft schwerer werden als wir merken. Manche Dinge, die wir nie bewusst aufgenommen haben, tragen wir in den Schultern."

Stefan wusste, dass Manolo mehr als nur physische Lasten meinte. Als Chiropraktiker und als Mensch, der Menschen intuitiv spüren konnte, erkannte Stefan oft, dass körperliche Schmerzen tiefer lagen, dass sie nicht selten verborgene Emotionen, ungesagte Worte oder bedrückende Erinnerungen waren. „Vielleicht hast du mehr auf deinen Schultern getragen, als gut für dich war", sagte Stefan ruhig und ließ seine Worte zwischen ihnen schweben. „Manchmal speichern die Schultern all die Verantwortung und die Sorgen, die wir nicht loslassen können."

Manolo nickte nachdenklich, „Ja, das stimmt wohl", murmelte er. „Ich habe viele Jahre für meine Familie gearbeitet. Das Meer ist gnädig, doch es fordert auch seinen Preis. Wenn ich das Boot nach einem langen Tag an Land zog, war ich nie allein mit meiner Erschöpfung. Ich trug die Verantwortung für die Menschen, die ich liebte, als wäre es ein Netz voller schwerer Fische." Stefan begann behutsam, seine Hand auf Manolos Schultern zu legen und die Verhärtungen in den Muskeln zu ertasten. „Manchmal", fuhr er fort, „hilft es, den Menschen in uns, der alles tragen möchte, loszulassen. Zu akzeptieren, dass wir nicht immer stark sein müssen." Manolo schloss die Augen und ließ sich langsam von Stefans ruhiger Berührung leiten.

Die beiden Männer sprachen kaum, doch Stefan spürte, wie Manolo in eine Art inneren Frieden sank, als ob die alten, verkrusteten Lasten, die ihn so lange begleitet hatten, sich allmählich lösen durften. Nach einer Weile öffnete Manolo die Augen und atmete tief, er vermittelte den Eindruck die Luft zum ersten Mal wieder frei spüren.

„Es ist, als ob sich ein alter Knoten gelöst hätte", sagte er mehr zu sich selbst, als zu Stefan. „Das Meer hat mir so viel gegeben, aber auch so viel genommen. Die Menschen, die ich geliebt habe", er hielt inne, „manche sind verschwunden, andere haben das Land gesucht und das Meer gemieden. Doch in mir blieb immer eine Art Treue zu den Wellen, eine Art Versprechen." Stefan verstand.

Manolo hatte das Meer nicht nur als seinen Arbeitsplatz betrachtet, sondern als einen Partner, einen Lehrer und einen Spiegel. „Vielleicht ist es an der Zeit, dass du dir selbst die Erlaubnis gibst, leichter zu sein", deutet er an. „Das Leben fließt, genauso wie das Wasser. Und wenn wir zu lange daran festhalten, riskieren wir, dass es uns auf den Grund zieht."

Manolo nickte und lächelte, seine Augen glänzten leicht. „Weißt du, Stefan", sagte er nach einer langen Pause, „ich dachte immer, das Leben sei wie das Meer – voller Wellen, die kommen und gehen. Aber vielleicht ist das Leben mehr als nur Wellen. Vielleicht ist es der Horizont, auf den wir immer wieder schauen, auch wenn wir wissen, dass wir ihn nie erreichen können."

Stefan betrachtete den Horizont, der sich in der Ferne sanft mit dem Meer vereinte. Es war eine Linie, die das Bekannte vom Unbekannten trennte, ein Symbol für all jenes, was wir sehen und dennoch nie greifen können.

„Manchmal", sagte Stefan leise, „liegt die Kunst des Lebens darin, den Horizont zu akzeptieren, ihn als einen Teil von uns zu begreifen, ohne zu versuchen, ihn festzuhalten." Manolo nickte nachdenklich und stand langsam auf. Er blickte hinaus auf das Meer, seine Schultern wirkten freier, weniger beschwert. „Danke, Stefan", murmelte er. „Du hast mir geholfen, etwas loszulassen, von dem ich nicht wusste, dass ich es noch festgehalten habe."

Als sie sich verabschiedeten, griff Manolo in seine Jackentasche und zog ein kleines Medaillon hervor, es hatte die Form einer Muschel und glänzte sanft. „Das Meer hat es mir vor vielen Jahren geschenkt", sagte er, „und ich habe es immer als eine Erinnerung an die Stille in mir behalten. Nimm es – als Erinnerung daran, dass die tiefste Freiheit im Loslassen liegt."

Stefan nahm das Medaillon, spürte das kühle Metall in seiner Hand und sah Manolo an, mit einer stillen Dankbarkeit, die Worte nicht fassen konnte. Das Meer vor ihnen rauschte leise, ein ewiger Rhythmus, der kam und ging, ein Spiegel des Lebens, das auch sie beide durchströmt.

Als Stefan und Inti weiterfuhren, lag das Medaillon auf dem Beifahrersitz neben Stefan und er spürte, dass die Lektion von Manolo – die Stille, das Loslassen und die Freiheit, die darin lag – ihn weiter begleiten würde.

Es war eine Reise, die nicht mit dem Anlegen des Bootes endete, sondern in jedem Moment, in dem wir das Leben fließen ließen und uns vom Meer des Lebens tragen ließen, wie die Wellen, die stetig gegen den Horizont strebten, ohne ihn je zu erreichen, begann.

Kapitel Acht Die Begegnung mit Miguel

Stefan fuhr durch die heiße, staubige Weite Kastiliens, die im Dämmerlicht in warmes Gold und sattes Braun getaucht war.

Die Landschaft schien endlos, und die Stille, die sie umgab, drang tief in sein Inneres und ließ ihn für einen Moment all seine Gedanken und Erwartungen hinter sich lassen. PANTA RHEI rollte langsam durch das ruhige Dorf, bis Stefan am Ende einer langen Straße am Straßenrand eine gebrechliche Gestalt bemerkte. Es war ein älterer Mann, der sich an den Holzzaun eines kleinen Gartens klammerte. Sein Atem ging schwer und sein Gesicht war von tiefen Falten und einer sanften Traurigkeit gezeichnet.

Stefan hielt an, stieg aus und bewegte sich vorsichtig auf den Mann zu, um ihn nicht zu erschrecken. Dieser blickte zu ihm auf, nickte ihm zu, als hätte er ihn erwartet und richtete sich auf.

„Hola, ich heiße Miguel", stellte sich der Mann mit rauer Stimme vor und lehnte sich erschöpft an das Wohnmobil. Sein Atem war unregelmäßig und Stefan bemerkte das Zucken in der Brust seines Gegenübers bei jedem Atemzug. Es war nicht nur eine körperliche Schwäche, sondern eine Last, die ihn tief von innen heraus zu bedrücken schien. „Ich bin Stefan", erwiderte er und reichte ihm die Hand. „Du wirkst müde, Miguel. Geht es dir gut?". Sein Gegenüber schnaubte leise und lachte dann trocken, als hätte er eine Frage gehört, die er sich selbst oft genug gestellt hatte. „Die Ärzte sagen, ich habe Asthma. Aber ich glaube, es ist etwas anderes."

Er hielt kurz inne, seine Augen suchten die Ferne. „Manchmal fühlt es sich an, als trüge ich mehr als nur meinen Atem in meiner Brust." Stefan nickte und bot

Miguel an, in PANTA RHEI einzusteigen, um sich auszuruhen. Miguel nahm die Einladung zögernd an. Bedächtig stieg er ein und ließ sein Blick durch den Innenraum des Wohnmobils schweifte, bis sich seine Schultern allmählich entspannten.

„Weißt du, Stefan", begann Miguel schließlich, „ich habe immer hier in diesem Dorf gelebt. Mein Leben lang. Die Felder, die Straßen, der Wind - alles hier ist mir vertraut." Er hielt inne, die Worte stockten: „Aber manchmal, manchmal fühle ich mich, als wäre ich weit weg von mir selbst."

Stefan spürte, dass Miguel noch mehr in sich trug. Er wartete, ließ die Stille zwischen ihnen Raum einnehmen und bald begann Miguel wieder zu sprechen: „Meine Frau, sie ist vor ein paar Jahren von uns gegangen", sagte er leise und legte eine Hand auf seine Brust. „Seitdem scheint die Luft manchmal zu fehlen. Es ist, als wäre ein Teil von mir verschwunden, der Teil, der das Atmen leichter machte." Stefan sah Miguel aufmerksam an: „Manchmal bleibt das, was wir nicht loslassen, in uns stecken – als ob es eine Leere gäbe, die den Raum einnimmt und das Atmen erschwert."

Miguel nickte nachdenklich und eine Träne rollte über seine Wange: „Sie war meine Welt", flüsterte er, die Hand immer noch auf seiner Brust. „Ich hatte nie das Gefühl, dass ich ohne sie richtig existiere."

Stefan legte eine Hand auf Miguels Rücken, spürte die Erschöpfung und die tiefe Trauer, die in ihm wohnten. „Vielleicht hältst du sie auf eine Art fest, Miguel", vermutete Stefan. „Manchmal wird das Festhalten zu einer Last, die uns am Atmen hindert, weil wir uns daran klammern, aus Angst, es würde uns verlassen."

Miguel schloss die Augen, und für einen Moment herrschte eine Stille, die so schwer und doch so leicht war, dass Stefan kaum wagte zu atmen.

Dann begann Miguel zu sprechen, seine Stimme zitterte leicht. „Manchmal fürchte ich, wenn ich sie loslasse, dann wird auch die Erinnerung verblassen. Und was bleibt dann von ihr?"

„Vielleicht", sagte Stefan sanft, „bedeutet das Loslassen nicht, dass sie verschwindet. Vielleicht kann das Loslassen ihr einen Platz in deinem Herzen geben, der frei ist – nicht voller Kummer, sondern voller Dankbarkeit für das, was ihr gemeinsam hattet." Miguel öffnete die Augen und nickte kaum merklich, als ob er diese Worte zum ersten Mal wirklich verstand.

„Also meinst du, dass sie bleibt, auch wenn ich sie loslasse?" Stefan legte eine Hand auf Miguels Brust, spürte die Spannung und den Schmerz, der sich in jedem seiner Atemzüge hielt. „Die Liebe, die du für sie empfindest, bleibt. Doch die Last ihres Verlusts, die du mit dir trägst, gib frei. Deine Frau wird immer da sein, als ein freier Teil in dir – wie der Atem, der kommt und geht."

Miguel nahm einen tiefen Atemzug, sein Blick aufgeklart und Stefan spürte, wie die Anspannung in Miguels Schultern nachließ. „Vielleicht habe ich wirklich nie gelernt, loszulassen", murmelte der Spanier leise. „Vielleicht hielt ich an ihr fest, weil ich dachte, das sei meine einzige Verbindung zu ihr." Stefan lächelte leicht und sah Miguel in die Augen: „Die Menschen, die wir lieben, leben nicht in der Last, die wir tragen. Sie leben in uns, im Raum unseres Herzens, der frei und voller Liebe ist."

In diesem Moment spürte Miguel, wie die Schwere in seiner Brust einem sanften Kribbeln wich. Die Luft um ihn schien leichter zu werden und er nahm einen tiefen Atemzug – ein Atemzug, der eine Brücke zwischen ihm und dem Leben bildete. Tränen flossen still über seine Wangen und Stefan legte ihm erneut beruhigend die Hand auf die Schulter.

„Danke, Stefan", sagte Miguel schließlich, seine Stimme klang weicher, ruhiger. „Ich weiß nicht, wie ich es ausdrücken soll, aber ich fühle, dass ich meine Frau auf eine neue Weise gefunden habe. In der gemeinsamen Erinnerung, sie macht mein Herz leicht."

Die beiden Männer saßen noch eine Weile still zusammen, die Sonne sank langsam und tauchte das Dorf in ein sanftes Abendlicht. Schließlich zog Miguel ein kleines, zerknittertes Taschentuch aus der Tasche und reichte es Stefan. „Das habe ich vor Jahren meiner Frau geschenkt", murmelte er, „nimm es als Zeichen meiner Dankbarkeit. Du hast mir geholfen, den Weg zu ihr und zu mir selbst wiederzufinden."

Stefan nahm behutsam das Taschentuch und versprach Miguel, es als Symbol für die Erinnerung und den Frieden zu bewahren. Mit einem letzten, ruhigen Atemzug verließ Miguel PANTA RHEI und ging in die beginnende Nacht - leichter und freier, als er je geglaubt hätte, sein zu können.

Stefan blieb noch einen Moment allein zurück, hielt das Taschentuch in den Händen und ließ die Stille auf sich wirken. Die Begegnung mit Miguel hatte ihm nicht nur einen Moment der Verbindung geschenkt, sondern auch eine tiefe Erkenntnis: das Leben lässt sich nicht festhalten, wir können loslassen und bleiben dennoch verbunden. Der Atem des Lebens strömt nur dann frei, wenn wir den Raum in uns öffnen, den wir so oft vor der Liebe zu schützen versuchen.

Mit diesen Gedanken und dem kleinen Taschentuch als stiller Erinnerung fuhr Stefan weiter, dem nächsten Ziel entgegen.

Kapitel Neun Maria mit dem schmerzenden Knie

Die Sonne stand tief über den Hügeln Kastiliens und verlieh der weiten Landschaft die warmen Töne von Gold und Ocker. Es war ein ruhiger, spätsommerlicher Nachmittag und Stefan ließ sich auf einer alten Steinmauer nieder, die an den Rand eines kleinen Platzes grenzte.

Das Dorf, in dem er Halt machte, war still, die Straßen fast leer, nur das leise Klappern eines entfernt schlagenden Eisentors durchbrach die Stille.

Die sanfte Brise brachte den Duft von wildem Thymian und Rosmarin mit sich und Stefan spürte, wie sich eine tiefe Ruhe seiner ermächtigte. Während er dort saß und die Szenerie in sich aufnahm, bemerkte er eine ältere Frau, die sich langsam durch die Gasse auf ihn zu bewegte. Sie ging vorsichtig, hielt sich mit einer Hand an der Mauer fest, ihr Gesichtsausdruck spiegelte eine Mischung aus Konzentration und Schmerz wider.

Bei jedem Schritt verzog sie leicht das Gesicht und ihr Körper neigte sich unbewusst zur Seite, um das Gewicht von ihrem rechten Bein zu nehmen. Stefans geschultes Auge nahm wahr, dass das Gehen ihr Schmerzen bereitete. Neugierig und mitfühlend beobachtete Stefan die Frau, bis sie ihm so nahe war, dass er sie freundlich ansprechen konnte. „Entschuldige", begann er zurückhaltend, „kann ich dir vielleicht helfen? Dich scheinen Schmerzen zu plagen."

Die Frau hielt inne, hob den Kopf und sah ihn an. Ihr Blick war sanft, aber müde und ihre Augen erzählten die Geschichte eines langen Lebens.

Mit einem schwachen Lächeln nickte sie und setzte sich auf die Mauer neben ihn. „Danke, mein Name ist Maria", sagte sie kaum hörbar, ihre Stimme freundlich und warm.

„Es ist mein rechtes Knie, das mir zu schaffen macht", fuhr sie fort. Stefan nickte, behutsam hob er an: „Darf ich fragen, wie lange das schon so ist?"

Maria lächelte schief und sah auf ihr Knie hinunter. „Oh, eine halbe Ewigkeit. Es begann mit kleinen Schmerzen, die nur gelegentlich auftauchten, aber jetzt..." Sie unterbrach sich und legte ihre Hand vorsichtig, fast tröstend auf das Knie: „Jetzt ist jeder Schritt eine kleine Herausforderung."

Stefan sah sie aufmerksam an. „Unser Körper spricht oft deutlicher als unsere Gedanken zu uns", nahm er den Faden auf, „es scheint, als würde dein Knie dir etwas deutlich machen wollen."

Maria blickte überrascht auf, sie lachte kurz, doch ihr Lachen klang nicht fröhlich, eher resigniert. „Das klingt merkwürdig", sagte sie. „Wie könnte ein Knie etwas mitteilen wollen? Es ist nur ein Gelenk."

„Vielleicht nicht nur", entgegnete Stefan. „Unsere Knie können unsere Bereitschaft voranzugehen zeigen; unsere Bereitschaft Schritte zu wagen, uns dem Leben zu öffnen. Wenn sie schmerzen, kann es ein Zeichen dafür sein, dass wir irgendwo zögern."

Maria sah in die Ferne und schien für einen Moment in Gedanken verloren. Dann sprach sie, mehr zu sich selbst. „Weißt du, es gab eine Zeit, da war ich voller Träume. Als ich jung war, wollte ich die Welt bereisen, neue Orte sehen, Menschen kennenlernen. Aber dann kam das Leben – die Familie, die Kinder, die Verantwortung. Und so blieb ich hier." Sie hielt inne und seufzte, ihr Blick wurde weich und traurig. „Ich habe immer gedacht, dass irgendwann der richtige Zeitpunkt kommen würde, doch die Jahre vergingen."

Stefan nickte verstehend: „Manchmal", begann er, „bleiben unsere Träume in uns, auch wenn wir glauben, sie hinter uns gelassen zu haben. Sie warten darauf, dass wir ihnen zuhören. Und wenn wir sie zu lange wegschieben, findet unser Körper Wege, uns an sie zu erinnern."

Maria sah ihn mit leicht glänzenden Augen an: „Glaubst du wirklich, dass das möglich ist? Dass ich meine eigenen Wünsche und Träume mit mir herumtrage und sie mich so belasten, ohne dass ich es merke?" Stefan blickte sie an und begann, ihre Zustimmung erkennend, ihre verspannten Muskeln zu massieren, behutsam und achtsam, um den Schmerz aus ihrem Knie zu lösen. „Vielleicht spiegelt das Knie deine innere Unsicherheit wider, Maria. Deine Angst einen Schritt zu wagen, weil das Leben dich glauben ließe, du müsstest immer stark sein, immer die Kontrolle haben."

Die Berührung seiner Hände schien etwas in Maria zu bewirken. Sie schloss die Augen und ließ den sanften Druck auf sich wirken, als würde ihr Körper eine neue Art des Loslassens lernen. „Weißt du", murmelte sie leise, „manchmal frage ich mich, ob es nicht zu spät ist. Habe ich jemals wirklich so gelebt, wie ich es wollte?"

Stefan hielt einen Moment inne, bevor er antwortete: „Es ist nie zu spät, Maria. Es gibt immer wieder Momente, in denen wir das Leben einladen können, uns einen neuen Weg zu zeigen. Manchmal ist es ein kleiner Schritt – einer, der das Gewicht der Jahre loslässt und Platz macht für das, was möglich ist." Marias Gesicht entspannte sich zunehmend und Stefan spürte, wie die Spannung in ihrem Knie ebenfalls langsam nachließ. Ihre Hände ruhten in ihrem Schoß, ihre Finger bewegten sich sanft, fast unbewusst, wie in einem Tanz der Erkenntnis.

„Ich hatte diesen Traum", sagte sie schließlich, „ein Haus am Meer, das Salz in der Luft, der Klang der Wellen. In meinem Herzen habe ich diesen Traum nie vergessen, auch wenn ich mir oft sagte, dass es nur ein Traum bleiben würde." „Vielleicht kannst du ihm heute eine Chance geben", ermutigte Stefan sie. „Es mag ein Haus am Meer sein oder etwas ganz anderes. Wichtig ist, dass du dich erinnerst, dass du es in dir hast – dieses Verlangen, diesen inneren Wunsch, etwas zu erleben, was dein Herz erfüllt." Maria öffnete die Augen und sah ihn mit der Erkenntnis von etwas Neuem an. Sie spürte eine leise Ahnung davon, dass das Leben ihr noch immer offenstand. „Vielleicht hast du recht", flüsterte sie. „Vielleicht ist es wirklich Zeit, den ersten kleinen Schritt zu wagen."

Stefan spürte, dass seine Arbeit getan war: „Es geht nicht darum, große Entscheidungen zu treffen, Maria. Es geht darum, auf das zu hören, was uns bewegt – und sei es nur ein Schritt. Ein Schritt, der uns das Gefühl gibt, wirklich zu leben." Maria stand langsam auf und zu Stefans Überraschung wirkte sie leichtfüßiger. Sie stützte sich nicht mehr auf die Mauer, sondern stand aufrecht, ihr Gesicht hellte sich auf.

„Danke, Stefan", sagte sie. „Für die Erinnerung, dass es nie zu spät ist, einen Traum in sich zu tragen und ihm vielleicht, eines Tages, zu folgen." Stefan lächelte. „Es war mir eine Freude, Maria. Geh deinen Weg in deinem eigenen Tempo. Das Leben wartet auf uns, manchmal nur einen Schritt entfernt."

Maria nickte und ging mit einem neuen, sanften Ausdruck in ihren Augen davon, ihre Schritte leichter, als wären die Jahre von ihr abgefallen. Stefan sah ihr nach, das warme Abendlicht erleuchtete den Pfad vor ihr. Der Moment war still und doch voller Bedeutung. Er wusste, dass Maria sich auf eine Reise begeben hatte – eine Reise, die in ihr begann und die sie weitertragen würde.

Kapitel Zehn Juan, der tätowierte Seemann

Langsam versank die Sonne im Atlantik und tauchte die kleine baskische Hafenstadt in ein warmes, goldenes Licht. Es war die Art von Licht, das alles in einen besonderen Glanz hüllte - ein kurzes, flüchtiges Geschenk, das die raue Welt für einen Moment verklärte.

Die Luft war durchdrungen von dem Duft nach Salz und Algen, die Wellen rollten leise gegen die alten Stege, eine Erinnerung an Geschichte des Dorfes.

Stefan schlenderte entlang der Pier, sog die frische Brise ein und ließ seinen Blick über das Treiben um sich herum schweifen: Fischerboote schaukelten leicht auf dem Wasser, Möwen kreisten kreischend über ihm und am Ende der Pier weckte ein Mann sein Interesse. Er saß allein auf einer alten Kiste und starrte auf das Wasser hinaus. Die Sonne ließ sein Gesicht in tiefen Schatten erscheinen, aber die Linien und Falten erzählten Geschichten von langen Jahren, von Wind und Wetter, von Meeren und Stürmen. Sein Gesicht war wie in Stein gemeißelt, seine Haut sonnengebräunt und wettergegerbt. Er wirkte wie jemand, der vieles überlebt hatte; wie jemand, der das Leben nicht in Büchern studiert, sondern in voller Härte erfahren hatte.

Stefan trat angezogen von der Ausstrahlung des Mannes näher. Als er sich ihm auf ein paar Schritte genähert hatte, blickte der Mann auf und nickte ihm zu. Stefan erkannte tiefe Falten um die Augen seines Gegenübers, aber auch ein leises Funkeln, welches den meisten Menschen wohl entgangen wäre – ein Funkeln, das den Mann jünger wirken ließ, als die Gerbung seiner Haut vermittelte. Stefans Blick fiel auf einen auf den Unterarm tätowierten Anker, der Anfang einer Bilderserie. Über seine Arme, seine Hände und sogar seinen Nacken zogen sich Tätowierungen, in verwitterten Blau- und Grautönen - ähnlich alter Landkarten, Notizen eines Reisenden, die er sich gegen das Vergessen für immer auf die Haut geschrieben hatte.

„Wunderschöner Abend", begann Stefan, und der Mann nickte erneut, diesmal langsam und bedächtig. „Ja", antwortete er mit einer tiefen, rauchigen, von zahllosen Nächten auf See und dem Salz der Wellen gezeichneten Stimme. „Aber auch ein Abend wie jeder andere. Das Meer ändert sich nicht. Es ist immer dasselbe und doch nie gleich."

Stefan lächelte und setzte sich neben den Mann auf die Kiste. „Ich bin Stefan. Du siehst aus wie jemand, der das Meer in- und auswendig kennt." Der Mann sah ihn an und dann wieder hinaus auf die weite Fläche des Meeres. „Juan", sagte er und es klang, als wäre sein Name aus einem verblichenen Kapitel entnommen, ein Name, der ihm vor vielen Jahren gegeben und über die Zeit von den Wellen geformt worden war.

„Ich habe fast mein ganzes Leben auf dem Meer verbracht", fuhr Juan fort. „Es ist ein Lehrer, härter und gerechter als jeder Mensch." „Was hat es dich gelehrt?" hakte Stefan nach und merkte, dass er einen Impuls gegeben hatte. Juan blinzelte und lehnte sich zurück, sein Blick ging in die Ferne, hin zu den Geschichten, die in den Wellen lagen und die längst vergangen waren. „Alles, was du hier siehst", sagte er und zeigte auf seine tätowierten Arme, „ist eine Geschichte. Jede Linie, jedes Bild ist eine Erinnerung. Aber sie sind nicht nur da, um mich an gute oder schlechte Zeiten zu erinnern. Sie sind meine Begleiter. Manchmal auch meine Lasten."

Stefan betrachtete die Tätowierungen genauer. Da war ein Adler, dessen Flügel sich über seinen Oberarm erstreckten; ein Schiff auf Juans Handrücken und ein Löwe, dessen Augen so gestochen scharf wirkten, dass sie fast lebendig schienen.

„Die Bilder erzählen von deinem Leben", stellte Stefan fest. Juan nickte langsam und drehte seinen Arm, sodass das Licht auf den Adler fiel. „Siehst du den Adler? Es war ein Sturm, so stark, dass ich dachte, das Schiff würde untergehen. Hoch über den Wellen sah ich ihn kreisen, während wir unten kämpften, das Boot über Wasser zu halten. Er kreiste wie ein Schatten über uns, beobachtend, herausfordernd. Es war, als wollte er sagen: ‚Ich sehe euch, aber ihr müsst selbst kämpfen.'" Juan sprach langsam, und seine Stimme hatte diesen hallenden Klang, der schwer auf seiner Zunge liegenden Erinnerungen.

Stefan sah, die Hände des Seemanns leicht zitterten und er wusste, dass diese Geschichten für Juan nicht nur Erlebnisse waren – sie waren Wunden, die nie ganz heilten; Narben, die ihn prägten. „Und was ist mit dem Löwen?" fragte Stefan vorsichtig. „Der Löwe. Er steht für Stärke. Für Mut", antwortete Juan, und seine Augen verloren sich in der Vergangenheit. „Ich ließ ihn stechen, nachdem ich meinen besten Freund verloren habe. Wir waren gemeinsam auf dem Meer, wie schon viele Jahre, Tage und Nächte. Dann kam dieser Sturm, so stark wie ein wütender Gott. Wir wurden auseinandergerissen. Ich sah, wie er ins Wasser fiel und ich konnte nichts tun. Seitdem trage ich den Löwen, als Erinnerung an ihn und als Mahnung an mich, dass ich weitermachen muss, egal was passiert."

Stefan spürte die Schwere dieser Worte, die Trauer, die wie eine alte Wunde blutete. Er suchte nach den richtigen Worten, aber in diesem Moment schien Schweigen mehr zu sagen. Juan war jemand, der den Tod und das Leben kennengelernt hatte, der wusste, dass es keine einfachen Antworten gab. „Manchmal", hob Juan nach einer Weile an, „frage ich mich, ob ich zu viel trage. Ob all diese Geschichten und Erinnerungen mich beschweren, mich wie ein Anker in den Tiefen des Meeres festhalten."

Stefan dachte über die Worte nach. „Vielleicht sind sie da, weil du sie nie ganz losgelassen hast", überlegte er laut. „Manchmal behalten wir Erinnerungen so fest in uns, dass sie uns erdrücken. Sie bleiben bei uns, wie ein Teil unseres eigenen Körpers". Juan lachte flüsternd, aber es war ein bitteres Lachen. „Loslassen...", wiederholte er abwägend. „Wie lässt man Erinnerungen los, die in die Haut tätowiert sind?"

Stefan überlegte: „Vielleicht bedeutet Loslassen nicht vergessen. Vielleicht geht es darum, die Erinnerung anzunehmen, so dass sie nicht mehr wie eine Last wirkt. Dass sie da ist, wie ein Teil des Meeres selbst, das kommt und geht, ohne sich festzuhalten."

Juan sah ihn an und in seinen Augen glitzerte eine Spur von Verständnis, eine kleine, leise Erkenntnis. „Vielleicht hast du recht", murmelte er. „Ich habe so lange gekämpft, mich so fest an das geklammert, was ich verloren habe. Vielleicht ist es an der Zeit, das Meer wieder das sein zu lassen, was es ist – nicht nur ein Platz, an dem ich kämpft habe, sondern auch ein Platz, der mich trägt."

Stefan spürte die Tiefe dieser Worte, das Aufblitzen einer kleinen Veränderung. Es war, als hätte Juan sich ein wenig von der Last befreit, als hätte er die tosenden Wellen in seiner Brust ein Stück weit beruhigen können.

Sie saßen noch eine Weile gemeinsam in der Stille, die Möwen riefen und die Sonne versank endgültig im Meer. Bevor sie sich voneinander verabschiedeten, griff Juan in seine Tasche und zog ein kleines, abgenutztes Stück Holz hervor, es war glatt und rund. „Hier", sagte er und legte es Stefan in die Hand. „Das habe ich an einem Strand gefunden, als ich ein junger Mann war. Ich wollte es immer zurück ins Meer werfen, aber irgendwie ist es immer bei mir geblieben. Vielleicht kann es dir mehr helfen als mir." Stefan nahm das Holzstück entgegen - ein kleines Relikt, das das Leben und das Meer miteinander verbunden hatte und er fühlte die Bedeutung darin. Es war ein Zeichen dafür, dass Juan bereit war, ein wenig loszulassen, bereit war das Leben und seine Erinnerungen nicht mehr nur in sich zu behalten, bereit war, etwas davon abzugeben.

„Danke, Juan", sagte Stefan. „Ich werde es als Erinnerung mit mir tragen – als Erinnerung daran, dass wir manchmal loslassen müssen, um leichter weiterzuziehen." Juan nickte, und seine Augen strahlten dabei einen Frieden aus, der wie das sanfte Aufklaren eines stürmischen Himmels wirkte.

„Lebe das Leben, Stefan", sagte er leise. „Und lass dich vom Meer tragen, nicht nur vom Kampf." Mit diesen Worten verabschiedeten sie sich. Stefan spürte, dass ihm die Begegnung mit Juan mehr geschenkt hatte, als Worte fassen konnten. Es war eine Erinnerung daran, dass das Leben fließen musste, wie ein Fluss, der nichts festhält, sondern einfach weiterfließt – und dass wir nur wahrhaft frei sind, wenn wir das Gewicht unserer Erinnerungen loslassen können, ohne sie zu verlieren.

Kapitel Elf Der Schachspieler und der König

Es war spät geworden als Stefan und Inti mit PANTA RHEI die kleine Hafenstadt an der galizischen Küste erreichten. Eine warme, gedämpfte Stille empfing sie. Die Straßenlaternen warfen sanftes Licht auf die alten, kopfsteingepflasterten Gassen und tauchten das Szenario in eine fast zeitlose Atmosphäre.

In dieser Stimmung, die irgendwo zwischen Melancholie und Frieden schwebte, schlenderte Stefan mit Inti an seiner Seite durch die engen Straßen und ließ die fast schon nächtliche Ruhe auf sich wirken. Nach einer Weile kamen sie zu einer kleinen Bar, deren Fenster warm erleuchtet waren. Durch die Scheiben sah Stefan Holzregale voller alter Bücher und Flaschen. Leise Musik und der Duft von Rotwein drang nach draußen und ließ Stefan innehalten.

Er entschied sich einzutreten. Nachdem er die schwere Holztür wieder hinter sich zugezogen hatte, war er plötzlich von einer wohltuenden Wärme umgeben.

In der Bar saßen nur wenige Gäste an den Tischen, ein gedämpftes Murmeln durchzog den Raum, Einige Gäste blätterten in Büchern. In einer Ecke, fast versteckt, saß ein älterer Mann allein an einem runden Tisch und spielte Schach – allein. Der Mann machte einen Zug, hielt kurz inne, ganz so als wäge er seine Entscheidung ab. Sein Gesicht war von tiefen Linien durchzogen, seine Haut war leicht gebräunt und er trug eine Brille mit dünnem Metallrahmen, die auf seiner Nase zu balancieren schien. Sein silbergraues Haar war nach hinten gekämmt und er strahlte eine Eleganz aus, die von einer ruhigen Gelassenheit zeugte.

Es war zu erkennen, dass er an etwas dachte, das viel tiefer ging als nur das Spiel auf dem Brett vor ihm. Sein

Blick war nach innen gerichtet, in einer Art innerer Versenkung, die ihn von der Außenwelt abgeschirmt hielt.

Als Stefan sich ihm näherte, hob der Mann den Kopf und blickte ihm mit einem wachen, neugierigen Blick entgegen. „Darf ich mich setzen?", fragte Stefan höflich. Der Mann nickte langsam, eine Handbewegung in Richtung des freien Stuhls: „Natürlich, junger Mann", sagte er mit einer tiefen, sanften Stimme, ähnlich des Rauschens einer warmen Meeresbrise.

„Es kommt nicht oft vor, dass sich jemand für ein Spiel ohne Gegner interessiert." Stefan lächelte und nahm Platz, legte die Hände locker auf den Tisch. „Manchmal ist der Gegner im Spiel nicht der, der vor uns sitzt, sondern der, der in uns selbst steckt", bemerkte er und registrierte, dass der Mann dieses Bild zu verstehen schien.

Dessen Lächeln vertiefte sich, als ob er diese Antwort genau so erwartet hätte. „Sehr weise", stellte der Mann fest und seine Finger glitten sanft über die Figur des Königs, die im Zentrum des Schachbretts stand. „Das Leben ist wie dieses Spiel hier. Jeder Zug ist eine Entscheidung und jede Figur hat ihren Platz. Doch im Kern geht es immer um den König, nicht wahr?"

Stefan beobachtete ihn aufmerksam und sah, wie der Mann den König auf dem Brett sanft in die Hand nahm. Die kleine, geschnitzte Figur schien zugleich schwer und doch zerbrechlich in seiner Handfläche zu liegen und Stefan hatte das Gefühl, dass der Mann mehr sah als nur ein Stück Holz. „Der König", sagte der Mann leise, mehr zu sich selbst sprechend, „ist die Seele des Spiels. Er ist das Zentrum. Das, worum sich alles dreht. Er ist langsam und verletzlich, und doch bestimmt er den Ausgang jeder Partie. Ein seltsames Paradox, findest du nicht?"

Seine Augen funkelten, als er Stefan ansah und ein leises, weises Lächeln huschte über sein Gesicht. Stefan nickte und betrachtete das Schachbrett. „Vielleicht erinnert uns der König daran, dass das Wesentliche nicht das Stärkste oder Schnellste sein muss", sinnierte er. „Es kann langsam sein, behutsam und doch das Herzstück, das alles zusammenhält."

Der Schachspieler nahm einen Schluck Rotwein und sah Stefan lange an. „Das Leben hat mich gelehrt, dass der König nicht nur im Spiel seine Rolle spielt. Er ist das Zentrum unseres Seins, das, was uns in jeder Lebensphase leitet – unsere innere Stimme, unser Selbst. Doch oft vergessen wir ihn. Wir opfern ihn für andere Figuren, für Strategien und Ziele, die uns fremd sind und merken es erst, wenn wir bereits verloren haben."

Stefan spürte, dass diese Worte aus tiefer Erfahrung kamen. Er wusste, dass der Mann mehr sah als nur das Brett vor sich. Er sprach von dem Kampf, den viele Menschen mit sich selbst führten, in dem Versuch, das innere Gleichgewicht zu finden und dem ständigen, manchmal verzweifelten Versuch, das eigene Zentrum nicht aus den Augen zu verlieren. „Weißt Du", fuhr der Mann nach einer kurzen Stille fort, „jeder von uns ist in gewisser Weise ein König und zugleich ein Bauer auf dem Schachbrett des Lebens. Ein König, der den Überblick behalten soll, der das Ziel im Blick hat. Aber auch ein Bauer, der Schritt für Schritt gehen muss und dabei die größeren Zusammenhänge oft nicht sieht. Und manchmal, ja manchmal, ist es dieser kleine Bauer, der uns mehr über uns selbst lehren kann als jede andere Figur."

Stefan dachte über das Gesagte nach. „Und der Bauer... was lehrt er uns dann?", hakte er nach. Der Mann lächelte leicht und strich sich über die Stirn: „Der Bauer lehrt uns die Geduld. Die Geduld, uns selbst zu erlauben, auf unserem Weg klein und unscheinbar zu sein, den nächsten Schritt zu machen, auch wenn wir nicht wissen, wohin er führt. Der Bauer erinnert uns daran, dass jeder von uns die

Möglichkeit hat, zu etwas Größerem zu werden – wenn wir bereit sind, den ganzen Weg zu gehen."

Stefan sah auf die kleinen Bauernfiguren auf dem Schachbrett und konnte spüren, wie diese Worte etwas in ihm zum Klingen brachten. Er dachte an die vielen Wege und Begegnungen auf seiner Reise, die unerwarteten Wendungen, die oft wie kleine Schritte wirkten, aber ihn dennoch tief geprägt hatten.

„Der Bauer geht nur vorwärts", bemerkte Stefan und der Mann nickte langsam. „Ja", sagte er, „er geht nur vorwärts, wie wir alle. Er kann nicht zurück. Und das ist vielleicht das größte Geschenk des Lebens – dass es uns zwingt, weiterzugehen, selbst wenn wir nicht wissen, wohin."

Eine Weile saßen die beiden Männer schweigend da und der Mann stellte die Figur des Königs behutsam auf das Brett zurück. Stefan konnte das Gewicht der Bedeutung spüren, die in diesem kleinen Akt lag: die Erkenntnis, dass jede Figur, jeder Zug und jede Entscheidung Teil eines größeren Spiels waren, das jeder Mensch für sich führte.

„Dein Name ist Stefan, nicht wahr?" fragte der Fremde plötzlich, als ob er diese Erkenntnis einfach aus der Luft gegriffen hätte. „Ja", war Stefan verblüfft, „woher weißt du das?" Der Mann lächelte und hob den König wieder an. „Stefan, ein schöner Name. Weißt du, im Griechischen bedeutet er ‚Krone'. Die Krone, die wir tragen, wenn wir uns selbst erkennen, wenn wir König und Bauer zugleich sind, im ständigen Wandel des Lebens." Diese Worte drangen tief in Stefans Herz. Es war, als ob ihm dieser Fremde etwas über sich selbst erzählte. Etwas, das er immer geahnt, aber nie vollständig verstanden hatte. Die Krone war nicht etwas, das man aufsetzte, wenn man ankam; sie war etwas, das man mit sich trug, bei jedem Schritt, in jeder Entscheidung, in jedem Moment des Lebens.

Zum Abschied griff der Mann in seine Jackentasche und zog eine kleine, abgegriffene Figur heraus: einen

Schachkönig aus Elfenbein, leicht vergilbt und vom ständigen Berühren poliert. Er legte ihn vor Stefan auf den Tisch. „Nimm ihn", sagte er leise. „Als Erinnerung daran, dass du dein eigener König bist. Dass das Zentrum deines Lebens immer in dir liegt, auch wenn die äußeren Züge chaotisch oder unübersichtlich erscheinen mögen."

Stefan nahm die kleine Figur ehrfürchtig in die Hand und spürte, wie sich ein warmer Frieden in ihm ausbreitete. Er nickte dankbar und blickte noch einmal in die tiefen, wissenden Augen des Mannes. Dieser nickte ihm zu, hob sein Weinglas und sprach, als wollte er einen letzten, stillen Toast auf das Leben selbst ausbringen. „Mögest du den Weg finden, der dich zu deinem eigenen König führt", sagte er leise. „Denn das Leben ist nichts anderes als eine Partie, bei der wir das Ziel nicht erreichen müssen – solange wir nur mit dem Herzen spielen."

Mit diesen Worten verabschiedete er sich, erhob sich und verschwand in der Dunkelheit der Nacht. Stefan blieb noch einen Moment an dem Tisch sitzen, den König fest in der Hand. Er wusste, dass diese Begegnung ihm mehr gegeben hatte als nur eine Figur: sie hatte ihm eine Erinnerung geschenkt, die ihn auf seinem Weg begleiten würde. Eine Erinnerung daran, dass er selbst das Zentrum seines Lebens war – dass er der König seines eigenen Spiels war.

Kapitel Zwölf Die Frau vor dem Café

Es war ein milder Abend und die Straßen eines kleinen spanischen Dorfs glühten im Licht der untergehenden Sonne, als Stefan durch die engen, gepflasterten Gassen schlenderte. Der Duft von frischen Kräutern und geröstetem Kaffee lag in der Luft und die Schatten der Bougainvillea, die über die schmiedeeisernen Balkone rankte, tanzten im warmen Licht.

An einem kleinen Café am Rand des Dorfplatzes setzte sich Stefan auf eine der Holzbänke und ließ seinen Blick über die Szenerie schweifen. Er genoss den friedlichen Moment, das leise Murmeln der Gespräche um ihn herum und die Unbeschwertheit des Dorflebens. Da fiel sein Blick auf eine Frau, die allein an einem Tisch auf der gegenüberliegenden Seite saß.

Sie war vielleicht Mitte fünfzig und schien von einer ruhigen, in sich gekehrten Schönheit. Ihr leicht gebräuntes Gesicht war von hellbraunen Haaren umrahmt, die in sanften Wellen, durchzogen von einzelnen silbernen Strähnen, auf ihre Schultern fielen. Sie hielt eine Tasse Kaffee in den Händen und sah gedankenverloren in die Ferne, während ihre Finger immer wieder langsam den Rand der Tasse entlangstrichen. Ihre Augen hatten einen müden Ausdruck, als hätten sie zu viel gesehen und zu viele Gedanken vergraben.

Es erweckte den Anschein, dass die Welt um sie herum nur eine Kulisse wäre, die sie von einem anderen Ort aus betrachtete. Es war diese Haltung – ruhig, doch von einer unsichtbaren Last geprägt – die Stefan tief berührte. Eine leise, innere Stimme sagte ihm, dass diese Frau eine Geschichte in sich trug, die sie vielleicht nie laut auszusprechen wagte.

Stefan spürte den Impuls, sich zu ihr zu setzen, langsam ging er auf ihren Tisch zu. Die Frau bemerkte ihn und schenkte ihm ein schwaches, höfliches Lächeln, das jedoch sogleich wieder verblasste, als er sie sanft fragte, ob er sich zu ihr setzen dürfe. „Natürlich", erwiderte sie leise mit ruhiger Stimme und rückte ihre Handtasche beiseite, um ihm Platz zu machen.

Einen Moment lang saßen sie schweigend nebeneinander, beide in die Stille des frühen Abends eingetaucht. Schließlich durchbrach Stefan die Stille: „Bist du nur auf der Durchreise?", fragte er ohne Eile in seiner Stimme, als ob diese Frage alle Zeit der Welt hätte. Die Frau nickte langsam, den Blick immer noch in die Ferne gerichtet. „Ja", antwortete sie und machte eine kurze Pause, „ich... ich bin auf dem Weg. Auf dem Weg herauszufinden, wer ich eigentlich bin." Ihr Lächeln war schwach und zögerlich, wie der erste Sonnenstrahl nach einem langen Regen.

Sie atmete tief ein, ehe sie weitersprach, es schien, sie hätte sich in diesem Moment entschieden, ihre Gedanken zu teilen. „Ich heiße Elena. Vor ein paar Monaten habe ich mein altes Leben hinter mir gelassen. Eine lange Ehe, ein Haus, eine Routine. Ich dachte immer, das wäre mein Leben, dass es alles sei, was ich mir je gewünscht hätte. Aber dann... als ich plötzlich allein war, merkte ich, dass ich mich in all den Jahren verloren habe." Sie drehte ihre Tasse leicht in den Händen und Stefan erkannte, dass sie sich innerlich in einen Abgrund stürzte.

„Vielleicht", sagte er behutsam, „liegt der Sinn des Lebens manchmal in der Erkenntnis, dass wir uns immer wieder neu finden können. Dass das, was wir als Verlust sehen, auch eine Chance bietet, etwas Neues in uns zu entdecken."

Elena lächelte bitter und legte eine Hand auf ihre Brust, das Gewicht in ihrem Herzen spürend. „Das sagen viele, nicht wahr? Aber die Wahrheit ist... es ist nicht so einfach.

Seit Monaten trage ich diese Schwere in mir, ich kann es kaum beschreiben. Mein Herz scheint in einem ständigen Kampf, als ob etwas in mir festhält und nicht loslassen will."

Stefan sah sie aufmerksam an, und seine Augen suchten nach den Worten, die vielleicht wie ein Schlüssel zu ihrem Schmerz sein könnten. „Manchmal", hob er an, „spüren wir diesen Druck, wenn wir etwas in uns tragen, dass uns nicht mehr dient: alte Vorstellungen, Schuldgefühle, Erwartungen. Vielleicht halten wir etwas fest, dass wir loslassen müssten – und dass uns gerade deshalb im Inneren bedrückt."

Elena schloss die Augen und atmete tief ein, die Wahrheit in seinen Worten spürend. „Loslassen...", flüsterte sie und schüttelte kaum merklich den Kopf. „Es klingt so einfach, aber wie kann ich die Erinnerungen, die Jahre und die Entscheidungen einfach loslassen? All das, von dem ich überzeugt bin, dass es mich ausmacht?"

Stefan schenkte ihr ein Lächeln: „Loslassen heißt nicht, alles zu vergessen oder zu verwerfen. Es bedeutet eher, den Dingen Raum zu geben, damit sie sich wandeln können, damit die alten Geschichten einen Platz finden, ohne dass sie uns einengen."

Elena öffnete die Augen und sah ihn an, ihre Augen voller Fragen und zugleich mit einem schwachen Glanz, einen Funken Hoffnung widerspiegelnd. „Ich weiß nicht, ob ich jemals in der Lage sein werde, das zu tun", sagte sie, ihre Stimme voller Zweifel. „Manchmal habe ich das Gefühl, ich bin in meinem eigenen Leben gefangen." Stefan spürte die Tiefe ihres Schmerzes und legte vorsichtig eine Hand auf ihre Schulter, ein kleines Zeichen der Nähe und des Verständnisses.

„Vielleicht, Elena, ist es an der Zeit, dass du lernst, deine eigene Melodie zu spielen, deine eigene Geschichte zu leben. Vielleicht ist dieser Druck in deiner Brust die Stimme deines Herzens, die nach einer neuen Richtung ruft." Sie lächelte zaghaft und gleichsam schlug das Licht dieses Lächelns einen kleinen Riss in die Mauer aus Schmerz und Bedauern.

„Ich wollte einmal die Welt bereisen", sagte sie nachdenklich. „Ich träumte davon, als Fotografin die Geschichten der Menschen einzufangen, die kleinen, vergänglichen Momente, die den Alltag verzaubern. Doch irgendwann wurde ich zur Statistin in meinem eigenen Leben, und die Kamera verstaubte irgendwo in einer Schublade."

Stefan verstand. Er konnte den Verlust ihres Traumes in ihrer Stimme spüren, und er wusste, dass dieser Verlust tiefer ging als die Entscheidung, nicht zu reisen. Es war ein Verlust an Lebendigkeit, ein Verblassen des eigenen Wunsches, der eigenen Sehnsucht. Elena griff zögerlich in ihre Tasche und zog eine alte, abgenutzte Kamera hervor. „Diese hier ist alles, was ich von meinem alten Traum behalten habe", stellte sie fest und hielt die Kamera vorsichtig, fast ehrfürchtig vor sich. „Für mich ist sie eine Erinnerung daran, dass ich einmal eine andere Frau war. Eine Frau, die einen eigenen Traum hatte." Stefan betrachtete sie und verstand in diesem Moment, dass sie diese Kamera nicht nur aus Sentimentalität aufbewahrte. Sie war für sie ein Anker, eine Erinnerung an einen Teil von sich selbst, den sie nicht vollständig verloren hatte, auch wenn er tief verborgen lag. „Vielleicht", überlegte Stefan, „ist es nicht zu spät, diesen Traum zu leben. Vielleicht gibt es noch so viele Bilder und Momente, die nur darauf warten, von dir eingefangen zu werden. Die Welt ist voll von Geschichten, Elena, und vielleicht ist deine eigene Geschichte, die, die du auf dieser Reise finden wirst."

Elena sah lange auf die Kamera in ihrer Hand, und ihre Finger strichen behutsam über die abgenutzten Kanten. Dann hob sie den Blick und in ihren Augen lag ein

Leuchten, ein zaghaftes, aber entschlossenes Glänzen, das Stefan an den Funken einer Flamme erinnerte, die noch nicht ganz erloschen war. „Vielleicht hast du recht", die Worte für sich selbst sprechend, um sie zu glauben. „Vielleicht ist es wirklich an der Zeit, meinen eigenen Weg zu finden, ohne die Last der Vergangenheit zu tragen."

Bevor sie sich von einander verabschiedeten, reichte Elena Stefan die Kamera. „Nimm sie mit", sagte sie, „damit du für mich die Welt in Bildern festhalten kannst. Vielleicht, wenn ich eines Tages zurückblicke, werde ich wissen, dass ein Teil von mir diese Momente gelebt hat." Stefan nahm die Kamera behutsam entgegen und versprach ihr, die Augenblicke, die ihm begegneten, durch ihre Linse zu betrachten. In diesem Moment verband sie ein stilles Band – ein Versprechen, das über die Worte hinausging; ein Band zwischen zwei Menschen, die wussten, dass Träume nie wirklich sterben; sie schlafen nur, bis wir bereit sind, geweckt zu werden.

Als Stefan ging, sah er noch einmal zurück zu Elena, sie saß nun mit einem Hauch von Frieden an ihrem Tisch. Die Sonne war hinter dem Horizont versunken und die Welt wurde in das sanfte, magische Licht der Dämmerung getaucht.

Kapitel Dreizehn Elias, der reisende Grieche

Stefan hatte PANTA RHEI an einem kleinen, abgelegenen Campingplatz direkt am Rande einer felsigen Klippe abgestellt. Die Luft war erfüllt vom salzigen Geruch des Meeres, dessen Wellen tief unter ihm leise gegen die Steine schlugen. Der Abend hatte sich über die Küste gesenkt und ein letzter Streifen orangefarbenen Lichts tauchte das Meer in ein sanftes Glühen.

Überall herrschte eine friedliche, stille Atmosphäre – als hätte der Tag beschlossen, leise und würdevoll zu enden. Ein Stück entfernt flackerte ein kleines Lagerfeuer und Stefan sah, dass dort ein Mann saß. Dessen Silhouette zeichnete sich dunkel gegen den leuchtenden Himmel ab, ein einsamer Punkt in der Weite der Küstenlandschaft.

Der Mann hielt eine Zigarre in der einen und ein Glas in der anderen Hand. Es war offensichtlich, dass er kein gewöhnlicher Reisender war; etwas in seiner Haltung, in seiner Ruhe, deutete auf die lange Geschichte, die ihn hergeführt hatte, hin.

Neugierig trat Stefan, begleitet von Inti, näher und nahm die Details des Mannes wahr: Er hatte eine kräftige Statur und trug ein weißes, leicht zerknittertes Hemd, das lässig über seine Schultern fiel. Seine Haut war tief gebräunt und war durchzogen von Linien und Falten, die von der Sonne und der Zeit gezeichnet waren. Ein buschiger Bart, durchzogen von grauen Strähnen, umrahmte seinen Mund und in seinen Augen – dunkel und tief wie die Nacht über dem Meer – lag ein Leuchten, das von Geschichten zeugte, die er erlebt hatte. Um seinen Hals trug er eine goldene Kette und sein Haar fiel in dichten, lockigen Strähnen bis auf die Schultern.

Der Mann bemerkte Stefans Blick und nickte ihm einladend zu. „Komm her, Fremder", sagte mit warmer, rauer Stimme, gleich dem Brummen einer alten, weichen Melodie, die die Zeit überlebt hatte. „Setz dich zu mir und genieße die Nacht. Ich bin Elias." Stefan lächelte und ließ sich auf einem alten, verwitterten Holzstamm, der als provisorische Bank diente, nieder, Inti legte sich zu seinen Füssen.

So saßen sie schweigend nebeneinander, sahen in die Flammen des Feuers und Stefan spürte die Ruhe, die dieser Mann mit sich zu tragen schien. Eine Ruhe wie eine unsichtbare, schwere Decke, die in ihrer Stille ein Geheimnis barg.

Die Flammen tanzten und die Wärme des Feuers mischte sich mit dem Duft der frischen, salzigen Meeresbrise. „Bist du schon lange unterwegs?" fragte Stefan nach einer Weile, als Elias ihm ein Glas Ouzo reichte und ihn mit einem wissenden Lächeln ansah. Elias lachte, ein tiefes, rollendes Lachen, das wie das Meer selbst klang, und nickte. „Mehr als zehn Jahre, mein Freund. Ich dachte, ich würde nur ein wenig reisen, die Welt sehen und dann wieder zurückkehren. Doch die Welt, sie hat mich festgehalten. Ich habe überall ein wenig von mir gelassen und nehme von jedem Ort ein Stück, das sich in mir niederlässt, mit. Am Ende habe ich entdeckt, dass mein Zuhause überall und doch nirgendwo ist."

Stefan konnte den Klang der Wahrheit in Elias' Worten spüren, etwas Tiefes, das mehr bedeutete als nur das Wandern von einem Ort zum anderen. Er nahm einen Schluck Ouzo. Er schmeckte kräftig und herb, mit einem Hauch von Anis, der sich auf seine Zunge legte und ihn an heiße, lange Nächte am Mittelmeer erinnerte.

„Was hat dich so lange auf den Straßen gehalten, Elias?" fragte Stefan schließlich. „Was hast du gesucht?" Elias sah ihn an und seine Augen schienen kurz den Schein des

Feuers aufzufangen, ein tiefes, wissendes Glühen. „Weißt du", begann er langsam, „jeder Mensch ist auf der Suche nach etwas. Die meisten Menschen suchen jedoch im Außen. Sie versuchen, die Welt zu begreifen, sich dort zu verorten und zu beweisen. Doch ich habe entdeckt, dass das Wahre immer im Inneren liegt. Ich wollte das Leben, das in mir fließt, spüren; ohne Grenzen und ohne Erwartungen."

Elias erzählte von den Menschen, die er auf seiner Reise getroffen hatte, deren Leben ihm wie eine offene Tür zu neuen Erkenntnissen erschienen war. „In einem kleinen Dorf auf Kreta", erzählte er, „gab es einen alten Fischer, der jeden Morgen das Meer mit einem stillen Gruß begrüßte. ‚Das Meer', sagte er mir einmal, ‚gibt uns alles, was wir brauchen, aber es nimmt auch alles. Wenn du das verstehst, hast du Frieden.' Und seitdem, seitdem habe ich das Meer mit anderen Augen gesehen. Es ist wie das Leben selbst. Es gibt und nimmt und nur wenn wir beide Seiten akzeptieren, können wir wirklich frei sein."

Stefan hörte ihm gebannt zu und konnte die Weisheit spüren, die sich in Elias' Worten verbarg. Es war nicht nur ein Leben, das er beschrieb, sondern eine Art zu sein – eine Art, die das Leben selbst als Lehrer und Wegweiser begreift.

Stefan dachte an seine eigene Reise und erkannte, dass er sich zu dieser Erkenntnis hingezogen fühlte, wie eine Welle, die ans Ufer strebt. „Weißt du", begann Elias und seine Stimme nahm einen sanften, fast melancholischen Ton an, „das Leben lehrt dich, dass du es nicht festhalten kannst. Ich habe Menschen getroffen, die mir tiefer in die Seele blickten, als ich selbst es je getan hatte. Ein Bildhauer aus Portugal hat mir gesagt, dass er den Stein nicht nur bearbeitet, sondern dass er die Leere in ihm findet. Er meinte, es sei die Leere, die dem Stein erst Bedeutung gibt. Vielleicht ist das auch der Weg, das eigene Leben zu verstehen – die Leere in uns zu akzeptieren, als Raum, in dem wir wachsen können."

Stefan ließ die Worte in sich wirken. Die Leere als Möglichkeit, die eigene Essenz zu finden – es war eine Idee, die ihn tief bewegte. Vielleicht war es das, was er suchte, ohne es je zuvor in Worte gefasst haben zu können. Etwas, das nicht mit festen Formen gefüllt, sondern in Freiheit und Raum wachsen durfte. Elias hob sein Glas zum Himmel und seine Augen schienen den Sternen näher zu sein als der Erde.

„Auf das Leben", sagte er leise, „auf das Loslassen und auf die Freiheit, die wir in uns finden können, wenn wir es uns erlauben, der Strömung zu folgen." Die beiden stießen an, und das Klirren der Gläser vermischte sich mit dem Klang des Meeres, das in kleinen Wellen gegen die Klippen schlug.

Stefan sah Elias an und spürte, dass dieser Mann ihn nicht nur begleitete, sondern ihm einen Weg zeigte, den er selbst erkunden musste. Eine Reise, die in ihm selbst begann und die ihn auf Wege führen würde, die er bisher nie in Betracht gezogen hatte.

Als die Nacht fortschritt und das Feuer langsam kleiner wurde, griff Elias in seine Tasche und zog einen kleinen, abgerundeten Stein hervor. Er war glatt und glänzte leicht im Schein des Feuers, die Geschichte des Ozeans in sich bewahrend. „Dieser Stein stammt aus einem Fluss in Griechenland", sagte Elias und übergab ihn feierlich an Stefan. „Der Fluss hat ihn über Jahrhunderte geformt, seine scharfen Kanten geglättet und ihn zu dem gemacht, was du jetzt siehst. Er ist ein Symbol dafür, dass das Leben uns formt, wenn wir uns ihm hingeben, wenn wir uns der Strömung überlassen und den Mut haben, uns selbst neu zu entdecken."

Stefan hielt den Stein in seiner Hand und spürte das Gewicht der Zeit, die er in sich trug. Der Stein fühlte sich kühl an und dennoch lebendig, als ob er die Weisheit des Wassers beherbergte.

Elias lächelte und legte seine Hand auf Stefans Schulter. „Lass das Leben dich formen", sagte er. „Lass es dich glätten und deine scharfen Kanten weicher werden. Panta rhei – alles fließt und auch du bist Teil dieses ewigen Flusses."

Die Worte hallten in Stefans Innerem nach und er spürte, dass sie eine Wahrheit berührten, die tiefer ging als jede Entscheidung, die er je getroffen hatte. Es war die Erkenntnis, dass er in seinem eigenen Fluss lebte, dass er Teil eines großen Ganzen, das unaufhörlich strömte und sich wandelte, war.

Als die ersten Sterne am Himmel aufleuchteten und das Meer im Dunkel der Nacht verschwand, spürte Stefan eine tiefe Ruhe in sich. Er wusste, dass die Begegnung mit Elias mehr war als eine zufällige Bekanntschaft. Elias hatte ihm einen Weg gezeigt, der ihn weit über das hinausführte, was er bislang in sich getragen hatte.

Und als er sich schließlich verabschiedete, hielt er den kleinen, glatten Stein fest in seiner Hand und versprach sich selbst, dass er nie vergessen werde, was er hier an diesem Lagerfeuer gelernt hatte. Die Flamme des Feuers erlosch und die Dunkelheit legte sich wie ein sanfter Mantel um sie.

In Stefans Herzen leuchtete ein neues, stilles Licht – das Licht der Freiheit, das ihn daran erinnerte, dass er Teil des unendlichen Flusses des Lebens war.

Kapitel Vierzehn Clara, die Straßenmusikerin

Es war ein warmer Abend als Stefan mit Inti durch die Gassen des kleinen, mediterranen Dorfes schlenderte. Die Wände der Häuser waren vom Tageslicht noch warm und leuchteten im Schein der Laternen in einem sanften Gelbton. Der Duft von Gewürzen und der Meeresbrise lag in der Luft, während die Stimmen der Einheimischen in der Ferne leise durch die Gassen hallten.

Ein Klang durchbrach diese leise Geräuschkulisse und zog Stefans Aufmerksamkeit auf sich: eine Stimme, weich und doch voller Kraft, mischte sich in die Klänge des Abends. Der Gesang zog ihn wie eine unsichtbare Hand zu sich hin. Stefan folgte ihm und fand sich bald auf einem kleinen Platz, umrahmt von blühenden Bougainvilleas und mit einem von Bäumen beschatteten Brunnen in der Mitte, wieder. Dort in der Nähe des Brunnens saß eine junge Frau mit einer Gitarre in der Hand auf einem niedrigen Hocker. Sie hielt ihre Augen geschlossen und sang mit einer solchen Hingabe, dass es schien, die ganze Kulisse wäre nur für ihre Melodie geschaffen worden.

Die Frau war schlank und zierlich, mit langen, blonden Locken, die ihr ähnlich einem goldenen Schleier über die Schultern fielen. Sie trug ein einfaches, weißes Kleid, das ihre Haltung weich umrahmte und sie beinahe ätherisch wirken ließ. Ihr Gesicht war sanft und während sie spielte, schien sie ganz bei sich zu sein, als ob sie für niemanden und doch für die ganze Welt sang. Ihre Augen blieben geschlossen, aber ihre Stimme erzählte Geschichten aus der Tiefe ihrer Seele. Stefan ließ sich auf einer nahegelegenen Bank nieder und Inti legte sich ruhig zu seinen Füßen, die Ohren gespitzt, den leisen, sanften Klängen lauschend.

Die Melodie war ein ruhiges, fast melancholisches Lied, in dessen Tönen ein Trost lag, eine Art von Frieden, der die Dunkelheit und das Licht des Lebens zugleich umarmte. Nach einer Weile, der letzte Ton war verklungen, öffnete die Sängerin ihre Augen und bemerkte Stefans Anwesenheit. Sie lächelte ein wenig schüchtern, fast überrascht, dass jemand geblieben war, um ihrem Gesang zu lauschen. „Danke, dass du zugehört hast", sagte sie leise und legte die Hand sanft auf die Gitarre. Stefan erwiderte ihr Lächeln und nickte. „Deine Musik ist wunderschön. Du versetzt die Welt für einen Moment in eine andere Wirklichkeit." Sie lachte und senkte erneut den Blick, fast verlegen. „Ich heiße Clara", stellte sie sich vor, „die Musik ist mein Zuhause – der Ort, an dem ich mich geborgen fühle, auch wenn ich nirgendwo bleibe."

Clara erzählte, dass sie seit Jahren auf den Straßen unterwegs sei, immer mit der Gitarre auf dem Rücken und nur wenigen Habseligkeiten im Gepäck. „Ich bin überall zu Hause und doch nirgendwo wirklich angekommen", resümiert sie und spielte gedankenverloren mit den Saiten ihrer Gitarre. Stefan merkte, dass sie etwas zu belasten schien. Während sie sprach, verlagerte sie immer wieder ihr Gewicht von einem Bein auf das andere und legte ab und zu ihre Hand an die rechte Hüfte, als ob dort ein Schmerz verborgen lag.

„Hast du Schmerzen in der Hüfte?" fragte Stefan schließlich behutsam. Clara nickte und ließ den Blick auf die gepflasterten Steine zu ihren Füßen sinken. „Schon seit einigen Monaten. Manchmal spüre ich ihn nur leicht, doch an manchen Tagen wird er so stark, dass ich kaum noch auftreten kann." Sie seufzte und fuhr sich mit der Hand durch das Haar, als hätte sie selbst keine Erklärung dafür. Stefan, dessen umfangreiches Wissen über den Körper sich bei seinen Reisen stets bewährt hatte, lächelte zuversichtlich. „Weißt du, die Hüften tragen uns durch das

Leben und sind ein Symbol für den nächsten Schritt. Manchmal zeigt uns der Körper durch Schmerz, dass wir vielleicht irgendwo in uns zögern – dass wir uns fürchten, den nächsten Schritt zu wagen oder die Richtung zu ändern."

Clara sah ihn an, überrascht und nachdenklich zugleich. „Manchmal habe ich das Gefühl, ich würde immer für andere singen – dass meine Lieder denen gehören, die mir zuhören. Als trüge ich all die Sehnsüchte und die Geschichten anderer in mir und verleihe ihnen Ausdruck. Ich allerdings weiß manchmal nicht mehr, ob ich meine eigene Stimme noch höre."

Stefan nickte verständnisvoll. „Vielleicht liegt darin die Last, die du spürst. Manchmal tragen wir so viele Erwartungen und Träume anderer Menschen mit uns, dass wir unsere eigenen Wünsche und Bedürfnisse kaum noch wahrnehmen." Clara sah zu ihm auf und in ihrem Blick lag ein Ausdruck der Erleichterung, fast so, als hätte sie eine Wahrheit erkannt, die tief in ihr verborgen gewesen war. „Weißt du", begann sie, „in jeder Stadt, in der ich singe, begegnen mir Menschen, die mir von ihren Träumen erzählen; von den Wünschen, die sie sich nie erfüllt haben; von dem Leben, das sie sich anders vorgestellt hatten. Eine Frau sagte mir einmal, dass mein Gesang sie an ihre eigene Kindheit erinnere, als sie selbst davon träumte, Sängerin zu werden. Sie hatte diesen Traum aufgegeben und ich konnte spüren, dass sie einen Teil ihrer selbst damit verloren hatte."

Stefan legte eine Hand leicht auf ihre Schulter. „Es klingt nach einer großen Gabe, Clara. Eine Gabe, Menschen mit deiner Musik zu dem zurückzuführen, was sie selbst einst geliebt haben. Aber du darfst nicht vergessen, dass auch deine eigene Stimme gehört werden möchte. Vielleicht ist der Schmerz in deiner Hüfte ein Zeichen, dass es Zeit ist, auch deine eigenen Träume zu leben und nicht nur die anderer."

Clara schloss die Augen und eine kleine Träne glitzerte in ihrem Augenwinkel. „Ich habe immer davon geträumt, meine Musik mit der Welt zu teilen, aber manchmal frage ich mich, ob ich mich selbst dabei verloren habe. Ob ich irgendwann nur noch die Träume anderer Menschen singe und nicht mehr meine eigenen."

„Vielleicht", bedachte Stefan, „ist es an der Zeit, dass du dich fragst, was du wirklich singen möchtest. Welche Lieder, die vielleicht noch nie das Licht der Welt erblickt habe, tief in dir verborgen liegen."

Clara nickte und ihr Gesicht war von einem neuen Ausdruck erfüllt: einer leisen Entschlossenheit, die durch den Schleier ihrer Unsicherheit hindurchschimmerte. „Weißt du, manchmal träume ich von einem Lied, das ich noch nie gesungen habe. Ein Lied, das in mir ruht und darauf wartet, dass ich es entdecke."

Stefan lächelte und spürte, dass sie in diesem Moment einen wichtigen Schritt gegangen war. Er nahm ihre Hand in die seine und drückte sie sanft. „Vielleicht ist dieser Moment genau der richtige, um dieses Lied in dir zu finden und es mit der Welt zu teilen – nicht als Stimme für andere, sondern als deine eigene Melodie."

Clara griff in ihre Tasche und zog ein kleines, handgeschnitztes Medaillon hervor. Es sei ein Geschenk, das ihr einst ein junger Zuhörer in Sevilla gegeben habe. Es zeigte ein zartes Blatt, das inmitten eines Kreises schwebte. „Er sagte mir, das Blatt solle mich daran erinnern, dass ich frei bin – wie ein Blatt, das vom Wind getragen und seinen eigenen Weg finden wird."

Stefan nahm das Medaillon und betrachtete es eine Weile, dann reichte er es Clara zurück und sah sie voller Wärme an. „Vielleicht ist dieses Blatt das Symbol für dich,

Clara. Das Symbol der Freiheit, deinen eigenen Weg zu finden und der Melodie in dir zu folgen."

Die beiden saßen noch lange in der warmen Nacht und die Sterne leuchteten am Himmel wie kleine Lichter der Hoffnung. Als Stefan sich schließlich verabschiedete, griff Clara nach ihrer Gitarre und begann zu spielen. Und dieses Mal war ihre Melodie anders: sie klang aus einer neuen Tiefe kommend, aus einer Quelle, die bisher verschlossen geblieben war. Während die Töne durch die Gassen hallten, wusste Stefan, dass Clara auf dem Weg war, ihre eigene Stimme zu finden – eine Stimme, die nicht nur die Träume anderer zum Klingen brachte, sondern auch ihren eigenen, noch ungesungenen Traum.

Kapitel Fünfzehn Der Rückweg

Die Sonne stand tief am Horizont und warf ein warmes, goldenes Licht auf die Landschaft, als Stefan das Steuer seines Wohnmobils PANTA RHEI ergriff. Er spürte die vertraute, beruhigende Vibration des Motors in seinen Händen, fast wie ein sanftes Herzklopfen, eine stetige Erinnerung daran, dass er auf dem Weg war.

Dieses Mal jedoch führte ihn die Straße zurück – zurück in sein gewohntes Leben, aber auch weiter auf seiner inneren Reise, die durch all die Begegnungen, die er unterwegs erlebt hatte, neugestaltet war.

Die Landschaft zog langsam an ihm vorbei, ganz so als lasse auch sie sich mit dem Abschied Zeit. Felder und Hügel, Wälder und Dörfer, jeder Kilometer erzählte seine eigene Geschichte und Stefan spürte, dass auch er nun ein Teil davon war.

PANTA RHEI – alles fließt, dachte er bei sich. Diese Worte hatten ihn auf der Reise begleitet, aber nun begannen sie eine tiefere Bedeutung anzunehmen. Alles, was ihm begegnet war – die Menschen, die Lektionen, die Gespräche – war nicht nur Teil dieser Reise gewesen: es war Teil eines Wandels, einer Veränderung, die in ihm langsam, aber sicher, Platz genommen hatte.

In seinen Gedanken kehrte er zu den Begegnungen zurück, die ihn auf dieser Reise geprägt hatten. Da war Jean-Luc, der alte Winzer im Elsass, der ihm gezeigt hatte, dass das Leben wie der Prozess des Weins war: ein ständiges Reifen und Warten, ein Beharren und doch ein Loslassen, bis der Moment kommt, in dem sich alles zusammenfügt und seine Bestimmung erfüllt. Stefan erinnerte sich an die Worte Jean-Lucs: „Es braucht Zeit, Geduld und Mut, um das zu werden, was man in sich trägt."

Er verstand, dass dies auch auf ihn zutraf. Vielleicht war er auf dieser Reise nicht nur unterwegs gewesen, um sich selbst zu finden, sondern auch, um Geduld und den Mut zu lernen, den eigenen Weg zu gehen.

Und dann war da Clara, die Straßenmusikerin, deren Musik die Menschen tief berührte, auch wenn sie oft für andere sang und nicht für sich selbst. Clara hatte ihm gezeigt, dass es manchmal die kleinsten und persönlichsten Stimmen sind, die am weitesten reichen - wenn sie den Mut finden, ihre eigene Wahrheit zu singen. Stefan dachte daran, wie Clara ihre Unsicherheiten und die Lasten, die sie für andere getragen hatte, mit sich herumgetragen hatte. Vielleicht, dachte er, hatte auch er in seinem Leben oft die Erwartungen und Träume anderer zu sehr in sich aufgenommen und darüber seine eigenen Wünsche ein Stück weit vergessen.

Er dachte auch an Michel, den alten Fischer, der das Meer so gut kannte, dass er ihm wie einem alten Freund begegnete. Michel hatte ihm erzählt, dass das Meer immer gibt und nimmt – wie das Leben selbst. Für Stefan war das Meer ein Symbol geworden, für die Fähigkeit, loszulassen und darauf zu vertrauen, dass das Leben sich in Wellen bewegt, dass es Zeiten des Empfangens und des Gebens, des Nehmens und des Lassens gibt. Stefan lächelte, als er daran dachte, wie Michel gesagt hatte: „Nur wenn wir die Wellen verstehen und uns von ihnen tragen lassen, können wir den Kurs halten."

All diese Menschen hatten ihm nicht nur Geschichten erzählt; sie hatten ihm gezeigt, dass das Leben wie ein unsichtbares Band ist, das sie alle verband. Jeder hatte seinen eigenen Platz und seine eigene Bedeutung in diesem großen, lebendigen Fluss des Lebens.

Als Stefan über seine Begegnungen nachdachte, wurde ihm klar, dass er all das Wissen, das er durch diese Menschen gewonnen hatte, auch in seine Arbeit als

Chiropraktiker würde einfließen lassen können. Seine Hände, die Menschen von ihren körperlichen Schmerzen befreiten, hatten nun eine tiefere Bedeutung gefunden.

Er wollte nicht nur Muskeln lockern und Gelenke in Bewegung bringen, sondern auch die Menschen spüren lassen, dass ihre Verspannungen und Blockaden oft mehr bedeuteten als nur körperliche Beschwerden.

In jedem Schmerz, jeder Verspannung lag eine Geschichte, eine Erinnerung, ein verborgenes Gefühl, das ans Licht wollte. Plötzlich erkannte Stefan, dass das Loslassen, von dem Michel gesprochen hatte, nicht nur bedeutete, das Unveränderliche zu akzeptieren. Es war auch die Bereitschaft, den Menschen, die zu ihm kamen, Raum zu geben, ihre eigenen Geschichten zu erzählen und sie selbst zu sein – frei von dem, was sie zurückhielt.

„Vielleicht ist das der wahre Sinn des Helfens", dachte Stefan, „nicht nur die Hände auf den Körper zu legen, sondern auch der Seele zu lauschen, die in ihm wohnt."

Mit jedem Kilometer, den er zurücklegte, wuchs in ihm der Wunsch, seinen Mitmenschen genau dieses Gefühl des Verstehens, der Akzeptanz und des Mutes mitzugeben. Er hatte sich auf den Weg gemacht, um das Leben zu verstehen, doch er hatte viel mehr gefunden: den Mut, andere Menschen in ihrer Ganzheit zu sehen und ihnen das Vertrauen zu geben, dass auch sie ihren eigenen Weg gehen können.

Als die Landschaft langsam in die vertrauten Straßen seiner Heimat überging, fiel Stefan auf, dass auch er sich verändert hatte. Sein Blick auf das Leben, auf sich selbst und auf die Welt war offener und tiefer geworden.

Er hatte gelernt, dass der Weg, den er ging, nie wirklich endet, dass es immer neue Horizonte und unbekannte Pfade gibt, die darauf warten, entdeckt zu werden.

Mit einem tiefen Atemzug und einem leisen Lächeln auf den Lippen bog Stefan schließlich in die Straße ein, die zu seinem Zuhause führte. „Panta Rhei", murmelte er, „alles fließt".

Und während er ein letztes Mal die Hand auf das vertraute Lenkrad legte, wusste er, dass diese Reise ihn nicht nur von einem Ort zum anderen geführt hatte, sondern ihm auch die Kraft und den Mut gegeben hatte, das Leben mit offenen Armen zu empfangen – jeden Moment, jeden Menschen, jede Erfahrung, die ihm noch begegnen würde.

Danksagung

Diese Reise und die Geschichten in diesem Buch wären ohne die wunderbaren Menschen, denen ich begegnet bin, nicht möglich gewesen. Mein Dank gilt jedem Einzelnen, der bereit war, seine Geschichte, sein Wissen und sein Herz zu teilen. Jeder von euch hat mir auf seine eigene Weise gezeigt, was es bedeutet, im Fluss des Lebens zu sein. Ein besonderer Dank gilt auch meiner Tochter Marina, meiner Familie und meinen Freunden, die mich ermutigten, diesen Weg zu gehen und die immer wieder die Geduld hatten, meine Gedanken und Erkenntnisse zu hören. Danke, dass ihr mich auf meiner Suche begleitet habt, auch wenn ich manchmal nicht wusste, wohin der Weg mich führen würde.

Und nicht zuletzt danke ich Ihnen, liebe Leserinnen und Leser, für Ihr Vertrauen und Ihre Offenheit. Mögen diese Geschichten Sie in Ihren eigenen Fragen und Antworten begleiten und Sie daran erinnern, dass wir Alle Teil eines großen Ganzen sind – ein Fluss, der stetig fließt und uns in jedem Moment neu formt.

In Dankbarkeit und Verbundenheit, Stefan

Über den Autor

Stefan de Reuter, Jahrgang 1970, geboren in Emden blickt auf über 30 Jahre Erfahrung im Bereich der Physiotherapie, Heilpraktik und Chiropraktik zurück. Immer wieder hat ihn die Frage nach den inneren Zusammenhängen ermutigt, sein Wissen zu erweitern und zu vertiefen.

Bestrebt für seine Patienten stets die bestmögliche Lösung und den nachhaltigsten Weg der Heilung zu finden, hat de Reuter sich mit den Themen der ganzheitlichen Medizin in ihren breiten Facetten auseinandergesetzt und begonnen seine Wahrnehmungen und Erfahrungen in Geschichten einzufangen.

„Angetrieben von äußeren Erwartungen haben wir häufig verlernt, auf uns selbst und unseren Körper zu hören und zu vertrauen. Ich möchte dazu anregen, den eigenen Blick wieder auf das Wesentliche zu lenken", beschreibt de Reuter seine Motivation des Schreibens.

Ebenfalls im Verlag BoD - Books on Demand GmbH erschienen „Lou, der kleine Löwenzahn" (ISBN 978-3-7693-1159-4) erschienen.